FILŌ   autêntica

Michel Onfray
A sabedoria trágica: sobre o bom uso de Nietzsche

Tradução e posfácio
Carla Rodrigues

Copyright © 2006 La Librairie Générale Française
Copyright © 2014 Autêntica Editora

Título original: *La Sagesse tragique: Du bon usage de Nietzsche*

Todos os direitos reservados pela Autêntica Editora. Nenhuma parte desta publicação poderá ser reproduzida, seja por meios mecânicos, eletrônicos, seja via cópia xerográfica, sem a autorização prévia da Editora.

COORDENADOR DA COLEÇÃO FILÔ
Gilson Iannini

CONSELHO EDITORIAL
Gilson Iannini (UFOP); *Barbara Cassin* (Paris); *Cláudio Oliveira* (UFF); *Danilo Marcondes* (PUC-Rio); *Ernani Chaves* (UFPA); *Guilherme Castelo Branco* (UFRJ); *João Carlos Salles* (UFBA); *Monique David-Ménard* (Paris); *Olímpio Pimenta* (UFOP); *Pedro Süssekind* (UFF); *Rogério Lopes* (UFMG); *Rodrigo Duarte* (UFMG); *Romero Alves Freitas* (UFOP); *Slavoj Žižek* (Liubliana); *Vladimir Safatle* (USP)

EDITORA RESPONSÁVEL
Rejane Dias

REVISÃO
Juliana Chalub
Lúcia Assumpção

PROJETO GRÁFICO E CAPA
Diogo Droschi

DIAGRAMAÇÃO
Conrado Esteves

Dados Internacionais de Catalogação na Publicação (CIP)
(Câmara Brasileira do Livro, SP, Brasil)

Onfray, Michel

A sabedoria trágica: sobre o bom uso de Nietzsche / Michel Onfray ; tradução Carla Rodrigues. -- Belo Horizonte : Autêntica Editora, 2014. -- (Filô)

Título original: La Sagesse tragique: Du bon usage de Nietzsche.
ISBN 978-85-8217-381-7

1. Nietzsche, Friedrich Wilhelm, 1844-1900 - Crítica e interpretação I. Título. II. Série.

14-00580   CDD-193

Índices para catálogo sistemático:
1. Nietzsche : Filosofia alemã 193

Belo Horizonte
Rua Carlos Turner, 420
Silveira . 31140-520
Belo Horizonte . MG
Tel.: (55 31) 3465 4500

São Paulo
Av. Paulista, 2.073 . Conjunto Nacional
Horsa I . 23º andar . Conj. 2310-2312
Cerqueira César . 01311-940 . São Paulo . SP
Tel.: (55 11) 3034 4468

www.grupoautentica.com.br

*Tenho o direito de me considerar o primeiro
filósofo trágico – quer dizer, o extremo oposto e o
antípoda exato de um filósofo pessimista. Antes de mim,
não se conhece essa transposição do dionisíaco em
uma paixão filosófica: falta a sabedoria trágica.*

Friedrich Nietzsche
(EH, O Nascimento da tragédia, § 3)

Sumário

9. **Prefácio – Descrença socialista, crença cristã...**
25. **Introdução – Usos de um intempestivo**

Primeira parte – As tormentas niilistas
Sete túmulos sobre o obscurecimento do mundo
- 37. Por uma nova cosmologia
- 43. A pura *irreligião*
- 50. O devir fragmento
- 57. Retórica de moralina
- 65. Elogio de Pôncio Pilatos
- 76. A antipolítica ou sobre a tripla tolice
- 84. Anatomia do socialismo

Segunda parte – A grande saúde
Cinco figuras para as auroras que ele não tem
- 93. Retrato do super-homem
- 102. Sobre a boa crueldade
- 109. O *pathos* da distância
- 117. Estética cínica
- 124. A casuística do egoísmo

135. **Conclusão – Sobre o nietzschianismo**

141. **Referências**

123. **Digressões bibliográficas**

149. **Posfácio – O eterno retorno de Nietzsche**
    Carla Rodrigues

Prefácio
Descrença socialista, crença cristã...

1

Pecado de juventude? — Esta *Sabedoria trágica* faz quinze anos... de engavetado! Seu manuscrito data, de fato, de 1988. Eu tinha 29 anos e não queria a opinião de ninguém. Vinte e sete livros depois, esse pacote de folhas reaparece após uma aventura rocambolesca. A quatro anos dos meus 50 anos, essas páginas podem passar por uma obra de juventude? Como se diz, por um pecado de juventude... É possível.

Sejamos precisos: o que se nomeia como obra de juventude? Um texto que contém o melhor e o pior de si. Comecemos pelo pior: um estilo caricatural do meu estilo hoje. Uma escrita que transborda, ignora limites e cruza alegremente a linha amarela das convenções. Eu soube evoluir nas margens das falésias, mas não longe do precipício: amar o estilo e a escrita supõe esse grande risco. Muitas palavras, imagens, efeitos literários, muito lirismo... Eu escrevi com tudo isso, e o defeito inverso me desagradaria ainda mais: um estilo pálido, branco, seco, frio, claro, glacial, uma escrita visando à transparência e tomando por modelo o agora famoso *Código Civil* das leituras diárias de Stendhal...

As páginas que se seguem por vezes empurram o navio para abaixo da linha d'água! Ênfases redundantes, dissonâncias estilísticas, excesso de preposições, e ao mesmo tempo, tolerância com verbos fracos – ser, ter, dizer, escrever, fazer –, permeada de verbos imprecisos, de conjuntivas fáceis, cacofonias de quem, que, quando... – e, já então, estribilhos em compassos ternários... O erro consiste em assinar um texto caricaturalmente nietzschiano sobre Nietzsche. Seria necessário corrigi-lo, e até onde? Resposta mais adiante...

Agora, o melhor, o fundamental. Eu não subtraio nada do conteúdo. E descubro, ao retomar o todo, que numerosas citações – eu ainda usava esse procedimento canônico das universidades... – vieram de excertos de livros publicados em seguida. Cada uma das minhas publicações se abrem, de fato, por uma frase de Nietzsche a partir da qual o livro propõe um comentário livre. Pode-se ser nietzschiano desta forma: apoiando-se, como um trampolim, sobre esta ou aquela ideia para efetuar uma volta pessoal. Aí está como eu me esforço para ser e para permanecer nietzschiano.

Sei que Nietzsche não é de esquerda, nem hedonista, libertário ou feminista. Eu, que trabalho para me inscrever nessas filiações ideológicas, como posso sair delas? Justamente me servindo da obra completa – textos publicados, manuscritos inéditos, fragmentos coligidos, correspondência e, sobretudo, biografia – como um laboratório para um projeto filosófico singular e subjetivo.

A esquerda na qual eu me reivindico – esquerda libertária – toma a crítica ao socialismo marxista – aquele a que Nietzsche se refere quando escreve *socialismo* – mas também a sua genealogia. Não desprezo os adversários, se suas críticas me levarem a um conhecimento melhor de mim mesmo. Nietzsche é um dos raros filósofos que permitem o companheirismo e a construção existencial.

2

A arte da guerra – Esse livro procede de um combate. Ele propõe a reparação de um filósofo destruído pelo ódio, a perversidade, a má-fé, a leitura superficial, a rejeição monomaníaca, a recusa a uma leitura que não esquece o homem no filósofo. No tempo que precedeu a escrita desse texto, tive discussões com Jean-Paul Enthoven, meu editor literário na Grasset, sobre minha abordagem de Nietzsche – que ele não compreendia, visceralmente. Um dia, me perguntou: "Mas como se pode ser nietzschiano?".

A frase podia ser entendida em duplo sentido: "Mas como se pode ainda se filiar a um tal personagem, filósofo detestável, odioso e insuportável?". Ou ainda: "Ah! Mas como ainda, no fim do século XX, ler, viver e pensar esse filósofo?". Por um lado, a reprovação, por outro, a curiosidade. Ora, os dois registros não me parecem completamente enigmáticos.

Respondi que a época filosófica não era favorável a Nietzsche e que eu via bem melhor como alguns autores tinham podido explicar por que razões eles não eram nietzschianos! Meu texto foi descartado, por muitas boas razões – um livro a mais sobre Nietzsche, um texto que não avançava verdadeiramente no meu trabalho – e algum tempo depois foi publicado na mesma editora uma obra que permitia a Luc Ferry, André Comte-Sponville, Alain Renaut e alguns outros afirmarem: *Por que não somos nietzschianos...*[1] Reformulação do manifesto lançado três anos antes contra o pensamento de 1968...[2]

Por que eu era nietzschiano? Como eu era nietzschiano? Leitura de adolescente, amor de juventude, paixão fulgurante. Eu me mantive fiel. Trinta anos mais tarde, sorrio

---

[1] O autor está citando o título do livro *Pourquoi nous ne sommes pas nietzschéens*, publicado em 1991 pela editora francesa Grasset, a mesma que recusou a publicação do original de Onfray. (N.T.)

[2] O autor está se referindo ao livro *La Pensée 68*, de Luc Ferry e Alain Renaut, dois críticos dos movimentos de rebelião franceses que tomaram as ruas a partir de maio daquele ano. (N.T.)

ao descobrir os sublinhados à lápis nas páginas das minhas edições de bolso... O grande desengonçado de 15 anos, vagamente acneico, ostentando uma longa echarpe rosa, cercando as moças que pensavam primeiro no seu *bac*,[3] aproveitava o Nietzsche que convida a levar o chicote quando se vai ver as mulheres!

Minha primeira e verdadeira cúmplice me fez sem dúvida compreender por que e como o misógino odeia as mulheres tão tolamente, ou por que elas resistem a ele, ou por que ele não sabe falar com elas. Encontrei, diante desse mecanismo que se oferecia ao meu olhar, a razão não para odiar Nietzsche, mas para experimentar compaixão, compreensão. Dessa época, data minha convicção – soberbamente teorizada por Nietzsche – de que um filósofo não se compreende realmente sem olhar para sua aventura biográfica. Nietzsche mais que qualquer outro.

Eu amava também, claro, a escola de energia, a celebração de força, o culto ao vigor, a grande saúde, o transbordamento vital: o consentimento à vida jorrando por toda a escrita do pensador. Mas também essa escrita que vira as costas para as manias do idealismo alemão – portanto, para a corporação filosofante em geral... – e supõe a possibilidade de uma profundidade teórica com as armas da escrita do romancista, do poeta. *Assim falou Zaratustra* é uma obra-prima que supera tanto a prosa poética quanto a filosófica!

Enfim, evidentemente, o anticristianismo radical e sem concessão me encantava. Os filósofos politeístas, teístas, deístas, panteístas, fideístas que encontrei nas minhas leituras rodavam em círculos. Menos Nietzsche, que assume o gesto deicida na filosofia. Morte de Deus, golpes em São Paulo,

---

[3] Abreviação para *Baccalauréat*, exame de conclusão do equivalente ao ensino médio no Brasil, sem o qual não se pode ingressar no ensino superior. (N.T.)

imprecações contra a *aranha na cruz*, anátemas aos *contentores do corpo* e aos *padres do ideal ascético*, celebração de Dionísio, o grande vivente, e de tudo que dá gosto à vida: teatro, música, escrita, leitura, viagens e uso prazeroso do corpo.

Não surpreende, portanto, que sob o estandarte antinietzschiano se encontrem desde sempre os defensores dessas ideologias, emporcalhadas pelo autor de *O Anticristo*. Entre a liderança filosófica dos anos 1980, havia um grupo que gostaria de esfolar os grandes anciões para tomar seus lugares. Lógicas edípicas banais... Compreendi um pouco mais tarde por que essa *Sabedoria trágica* devia permanecer na gaveta e deixar o campo livre aos autores de *Por que não somos nietzschianos...*

Cristãos humilhados, kantianos verificados, spinozianos melancólicos, polígrafos preocupados em não perder o trem da história que, depois de Michel Foucault, havia recentemente desaparecido, Gilles Deleuze, sempre ativo, então autor de um ensaio sobre Leibniz e o barroco intitulado *A dobra*.[4] Mais eles se batiam igualmente contra Pierre Bourdieu e Jacques Derrida, certamente não nietzschianos, mas incontestavelmente elevados ao pódio intelectual francês.

3

As aventuras do manuscrito desaparecido – O manuscrito desse livro conheceu um estranho destino: perdido uma vez por um editor; perdido de novo por outro editor; retido por [Philipe] Sollers, que após um dia de conversas queria publicá-lo, mesmo sem tê-lo lido; descoberto por Jean-Claude Fasquelle, então à frente da Grasset, no dia em que lhe informei sobre um projeto em outra editora; desejado de novo pela Grasset, uma vez que a Gallimard

---

[4] DELEUZE, Gilles. *Le pli – Leibniz et le baroque*. Paris: Minuit, 1988. Tradução brasileira: *A dobra – Leibniz e o barroco*. Campinas, SP: Papirus, 1991.

se tornou ameaçadora; inencontrável nas duas editoras; encontrado finalmente nas mãos de um mercenário das letras. Esse personagem fez milhões de piruetas para evitar me devolver o texto, inclusive trocar o número de telefone, não aparecer em reuniões, mentir uma quantidade considerável de vezes, terminando por dizer que ele jamais havia tido o manuscrito, e esconder um exemplar no porão da casa de amigos, onde seus acólitos devem ocultar da justiça algumas das provas de suas outras falhas.

Eu reencontrei o texto *in fine* na casa de um amigo editor – obrigada, Jean-Yves Clément –, a quem, quinze anos antes, eu havia confiado uma cópia. Havia esquecido dela. Ao telefone, quando me convidava para uma conferência no festival de Nohant que ele organizava, me veio ao espírito que, talvez, esse fantasma lhe diria alguma coisa. Na loucura da conversa, ele me afirmava não tê-lo – e uma hora depois me ligou para me anunciar tê-lo encontrado. Qual o quê... Eu descobri, depois de ter fantasiado muitos anos sobre esse texto desaparecido, que ele continha seus excessos, seus defeitos, mas também felizmente as provas de fidelidade ao que eu fui.

Era necessário, no entanto, reler. E nos detalhes. Ora, eu jamais reli nenhum dos meus livros. Constrangido, experimentei o desprazer de ler a íntegra para suprimir prioritariamente as imperfeições. Já as apontei acima. O que fazer? Corrigir de alto a baixo? Isso implicaria em reescrever tudo. Ou suprimir o mais indefensável? Eliminar, aparar, como dizem os cabeleireiros, a nuca do filósofo, ou raspar sua cabeça e proceder a um novo implante? Decidi por uma restauração à moda dos antiquários: respeitar o velho objeto, mas reparar as passagens do tempo...

Nessa fórmula, a habilidade se impõe. Modificar aqui, recosturar acolá, suprimir uma linha, acrescentar uma palavra, cortar um adjetivo excessivo, derrubar uma redundância de palavras ou de ideias. Mas, como o navio de Teseu, cuja totalidade das pranchas recolocadas termina por constituir um novo navio, havia o risco de se encontrar um novo livro... Decidi conservar o barco com seus carcomidos, suas fragilidades, suas fissuras, suas imperfeições. Não em nome do fetichismo da obra de juventude, mas pela vontade de conservar do objeto seu caráter bruto, grosseiro e malpolido.

4

Meu Nietzsche – Não se encontrará nesse texto comentários acadêmicos nem um exercício de estilo parasitário, como o dos que se amparam no filósofo, se lançam sobre sua reputação, e depois, efetuam um número de trovador – ou de palhaço... – em detrimento da obra, da vida, do homem e do filósofo. Tanto se escreveu sobre Nietzsche, ora ele serve, ora não serve mais.

Como servi-lo? Fornecendo dele uma imagem coerente, recusando as habituais *boutades* de comentadores superficiais, afirmando: que sob sua escrita se encontra tudo e o contrário de tudo, que existem na obra completa citações que podem justificar tanto uma posição quanto sua negação, que ele multiplicou as contradições, que seu pensamento recusa e refuta o sistema, o que, no entanto, não impede uma arquitetônica equilibrada. Meu desejo era dar uma ideia da beleza do edifício poético e filosófico em sua totalidade.

Não propus um Nietzsche hedonista, esquerdista, libertário – pode-se facilmente obtê-lo com as citações retiradas, excluídas de seu contexto livresco, extraídas de sua totalidade coerente da *obra-vida* – segundo o excelente conceito de Alain Borer forjado por Rimbaud – e postos em relação como uma colcha de retalhos que permite aos hábeis costureiros e aos falsários – penso em um jesuíta de hábito... – transformar Nietzsche mais ou menos em cristão ou qualquer bobagem graciosa!

Proponho aqui um perfil – um esboço para um perfil. Alguns traços de lápis para significar uma energia, tarefa de aperfeiçoar uma figura que me acompanha desde meus 15 anos. Evidentemente, esse quadro evita representar Nietzsche vestido com o uniforme da SS, antissemita, devoto de um culto das forças armadas, da brutalidade guerreira, ou mesmo travestido de pensador que antecipou a solução final. Entre o grupo de virtuosos que não são nietzschianos, esses argumentos de baixo nível se encontram em longas páginas que mostram Nietzsche como ajudante do nacional-socialismo, eis sua tese; mas, forte estranhamento, é também a de Adolf Hitler... Deve-se desconfiar de compartilhar opiniões rasas e errôneas com esse personagem, conhecido por não ser um filósofo.

Esse perfil mereceria menos o brilho de um Gustav Klim que o toque pictórico de Arnold Schönberg. Eu não tinha ainda muita habilidade com o pincel... Depois de uma releitura, meu Nietzsche-1988 me parece vienense – à moda de um Mahler e de um Kraus, de um Weininger ou de um Kokoschka, de um Freud ou de um Alfred Kubin. Pouco italiano, tampouco napolitano ou veneziano, Cimarosa ou Vivaldi, Cellini, Carpaccio... Eu ainda era vienense – os restos das sombras carregadas da minha adolescência, dissipadas graças aos anos de escrita que se seguiriam.

Defendo aqui um Nietzsche poeta, um pensador que tem a justa e boa distância entre as ideias e as metáforas, os conceitos e as imagens, um defensor da imprecação no lugar da racionalidade minuciosa, uma torrente, um vulcão, uma tempestade que pensa e escreve. A maior parte dos mal-entendidos residem nesse duplo pertencimento: o filósofo profissional não se distrai, ele cerra as mandíbulas e não se deixa levar pela literatura. A partir desse momento, ele passa ao largo da potência lírica do pensamento. Pior para ele, que não se diverte; mas uma pena sobretudo para seus leitores, que não se divertem, tampouco.

Meu Nietzsche é frágil, ama as mulheres, mas não sabe como dizer isso a elas, então primeiro se protege, depois se expõe à misoginia; ele pratica a doçura, a polidez, a discrição na sua vida – sobre o papel, ele solta os cachorros, faz tremer o cânone, trava combates e sobe ao fronte filosófico com a espada em punho; nas pensões de família, cuidado por velhas damas frágeis, amável, ele repousa de suas epopeias intelectuais em que o sangue escorre, em que reina a guerra, certamente, mas como no Inferno de Dante. Não esqueçamos nunca que esse grande filósofo escreve como um grande poeta. Ora, essa dupla qualidade desorienta qualquer um que seja privado de uma das duas competências.

Se ele não é hedonista – conheço bem, evidentemente, os textos em que ele associa essa opção filosófica à decadência e ao niilismo –, ao menos, ele retoma por sua conta a tradição de seus queridos gregos, todos eudaimonistas: nenhum, de fato, evita a questão do soberano bem. Nietzsche também não. Como viver para ser... digamos, felizes? Ou melhor: o menos infeliz possível – outra forma de definir o hedonismo...

Resposta: conhecer a natureza do mundo; saber que só existe a vontade de potência; que a liberdade, o livre arbítrio são duas ficções; que nós obedecemos e nos submetemos à lei do determinismo; mas que nós podemos também consentir a necessidade; que nós podemos mesmo amar; e que dessa vontade de potência nasce um contentamento, um júbilo, uma alegria. Tirar todas essas potências de serem exacerbadas ao lado do hedonismo não seria tão complicado...

5

Atrás do muro de Berlim – Ao reler, parei mais particularmente sobre essa frase que escrevi: "A rápida descrença no cristianismo se acompanha da crença no socialismo".

No contexto, tratei de mostrar que no século XIX, habitualmente apresentado como o da Morte de Deus, a perda de influência do cristianismo se fez acompanhar de sua reciclagem no socialismo – entendido em Nietzsche como socialismo marxista. Quanto mais a Bíblia fracassava, mais *O Capital* se reforçava...

Tomei o fim dos anos 1980 como um tempo em que Deleuze apelava, em seu "Péricles e Verdi",[5] a um "ateísmo tranquilo". Leiamos: "Por ateísmo tranquilo entendemos uma filosofia para quem Deus não é um problema, a inexistência ou mesmo a morte de Deus não são um problema, mas ao contrário, faz parte das condições que precisam ser consideradas para fazer surgir os verdadeiros problemas". À época, ele tinha razão. Mas, e hoje?

Quando eu escrevia esse Nietzsche, o bloco do Leste ainda existia. O muro de Berlim, igualmente, e também as Torres Gêmeas de Nova York: ora, essas duas quedas ontológicas modificam as cartas do jogo. O século não é mais o mesmo. O ateísmo não pode mais se dar ao luxo de ser tranquilo. Antes de 1989, mas, sobretudo, antes de 2001, eu jamais teria tido a ideia de escrever um *Tratado de ateologia*.[6] Na hora em que nós deveríamos escolher entre o judaísmo-cristão de um Ocidente arrogante, mas cansado, e o islamismo de um Oriente belicoso em sua plena forma, optei por um ateísmo de combate e que, por isso, se torna um ateísmo intranquilo.

Nessa nova guerra, Nietzsche pode desempenhar um novo papel. Se nos anos 1980 ele representa um trunfo

---

[5] *Périclès et Verdi – La philosophie de François Châtelet*. Paris: Minuit, 1988. O livro é a publicação de uma conferência de Deleuze no Colégio de Filosofia em 1987 como parte das homenagens feitas a Châtelet depois da sua morte, em 1985. Não há tradução brasileira. (N.T.)

[6] ONFRAY, Michel. *Tratado de ateologia*. São Paulo: WMF Martins Fontes, 2007.

estratégico para um punhado de jovens filósofos de dentes afiados que aspiravam à crucificação dos velhos mestres embaraçosos, o filósofo do martelo pode muito bem ser retomado hoje para responder aos Novos Crentes que se agitam em um espectro que vai do mais modesto dos iletrados guias em seu deserto, até a especulação dos filósofos contemporâneos, reencontrando o caminho da religião.

6

Os novos crentes – Essa volta às *aranhas da cruz* obedece ao mesmo princípio em virtude do qual há muito tempo eu escrevi que a descrença no cristianismo anda de mãos dadas com a crença no socialismo. O muro de Berlim em ruínas, as Torres Gêmeas de Nova York em escombros, o socialismo degradado pelo totalitarismo, mas também por sua versão liberal, me obrigam a escrever o inverso – que diz, portanto, a mesma coisa: a descrença do socialismo provoca a crença nos monoteísmos. Aí estamos. Por trás, as cinzas do muro de Berlim, hoje se constroem igrejas; em todas as cidades da Europa, abrem-se mesquitas... Fim do ateísmo tranquilo.

Deixemos de lado os crentes que se curvam em direção ao Céu e suas ficções, sacrificando os mitos e as fábulas porque os homens no comando político nesse século XX – de Stalin a Mitterand – o traíram, mentiram, enganaram. Tenho compaixão pelos humildes desorientados. Já pelos cínicos vendedores de genuflexórios, sinto profundo desprezo. Que o povo muçulmano encontre segurança em Alá porque o Ocidente o colonizou, humilhou, ridicularizou, explorou, exterminou, mantendo-o na sujeição e na pobreza, não se vê nada mais que o normal. Compreendo o recurso a Deus pelos homens tratados como sub-homens – mesmo que eu me bata por lhes propor uma verdadeira solução política, a única que vá livrá-los do pensamento mágico.

Estou mais espantado por assistir a esse mesmo movimento no pequeno mundo filosófico europeu: descrença do político, crença no religioso. Não falo daqueles que, como os filósofos, evoluem desde sempre nas águas mais ou menos profundas do monoteísmo judaico (de Levinas a Derrida, passando por Bernard-Henri Lévy, Alain Finkelkraut ou Benny Lévy) ou cristão (de Paul Ricoeur a René Girard via Jean-Luc Marion ou Paul Virilio). Como prova, essa frase siderada que Jacques Derrida fez com que fosse lida sobre seu túmulo no dia de seu enterro: "Eu vos amo e eu vos sorrio, onde quer que eu esteja".

Falo dos convertidos – digamos assim. Gianni Vattimo, conhecido pelo seu "pensamento fraco",[7] passando de armas e bagagens para o lado de um "cristianismo não religioso", ver *Espérer croire*[8] e outras obras subsequentes; como também Michel Henry, autor de dois volumes sobre Marx, em 1976, que terminou sua carreira de filósofo com *C'est moi la verité*, tendo com subtítulo *pour une philosophie du christianisme*, mas também *Incarnation. Une philosophie de la chair;*[9] ou ainda Bernard Sichère, há muito tempo meu professor na Universidade de Caen, que conheci maoísta, condenando a psicanálise, então ciência burguesa; no ano seguinte, tornou-se lacaniano, de colocar o mesmo ardor militante para analisar os marxistas-leninistas; depois, via o desvio alternativo em BHL ou [Philippe] Sollers (que beijou os sapatos do papa, e se pôs de joelhos para oferecer um de seus livros a João Paulo II), e acaba por enroscar-se nos braços

---

[7] *Il pensiero debole* (FELTRINELLI, 2010).

[8] *Credere di credere* (GARZANTI, 1998). Onfray se refere à tradução francesa; cf. ROLLAND, Jacques. *Espérer croire*. Paris: Seuil, 1998. Há uma versão portuguesa da obra: *Acreditar em acreditar*. Lisboa: Relógio d'Água, 1998. (N.T.)

[9] *Encarnação: uma filosofia da carne*. Tradução de Carlos Nougue. Coleção Trilogia Cristã. São Paulo: É Realizações, 2014.

do catolicismo e de aspergir a água benta heideggeriana em Paulo de Tarso e seus cúmplices – ver, de Sichère, *Le jour est proche: la révolution selon Paul* e... *Catolique*, o último nascimento na creche pós-lacaniana.

Acrescentemos a isso os companheiros de rota de certos filósofos com a religião católica. Penso no "humanismo transcendental" de Luc Ferry, agnóstico, certamente, mas não hostil e, sobretudo, amável – ver *L'Homme Dieu, à léndroit de l'église catholique*; no 'ateísmo fiel' de um André Comte-Sponville, que não acredita em Deus, mas defende a moral cristã – a explicação dessa opção filosófica se encontra em *A-t-on encore besoin d'une religion?*; ou em Michel Serres, ouvido recentemente nas ondas da Rádio France Musique lendo um texto que recicla as fábulas cristãs a fim de exibir em concerto público *Sept dernières parole do Christ*, de Joseph Haydn...

Menção especial para Jacques Derrida, ungindo, autoproclamado guardião do templo desconstrutivo, antigo estudante de teologia, filósofo emblemático da escolástica pós-moderna, mas também testemunha da conivência de certa leitura francesa da fenomenologia alemã (Heidegger no topo) com o objetivo de modernizar os velhos hábitos católicos – eu nomeei Jean-Luc Nancy autor desta frase antológica: "O monoteísmo é na verdade o ateísmo", em *La Déclosion. Déconstrution du christianisme*, 1, p. 55, para os céticos que queiram verificar. Compreende-se como esse homem se dizendo sem Deus, desejoso do fim das religiões, voa ao mesmo tempo na segurança do divino... o cristianismo não tem muito a temer dessa desconstrução!

Deixemos de lado Marcel Gauchet, que encontrei um dia enquanto zapeava no canal KTO,[10] posto asseadamente, tenso como uma criança de coro diante do púlpito de Notre-Dame de Paris, onde ele ensinava filosofia para

---

[10] Emissora católica francesa. (N.T.)

os católicos aplicados e falava da religião católica de uma maneira tal que Monsenhor Lustiger não faria melhor.[11] Ou Régis Debray, escritor abundantemente agnóstico sobre a religião, certamente, mas batizando sua filha e confessando publicamente ler todos os dias o jornal *La Croix*...

Cercado por esses tipos, pode-se ainda viver o ateísmo tranquilo tão caro a Gilles Deleuze? Creio que não... Não farei a crueldade de assinalar que muitos desses Novos Crentes constituem em sua grande maioria os adeptos – mais ou menos convertidos ainda... – do liberalismo político. Descrença no socialismo, certamente, crença na religião, sem dúvida, mas igualmente atirados nas águas liberais. Tem-se o conjunto. O fim do socialismo – sangue vermelho totalitário, rosa-bebê social-democrata – como teleologia desloca o desejo de messianismo para o terreno religioso.

Para esse combate pós-muro de Berlim, sobre os escombros das Torres Gêmeas, Nietzsche deve ser retomado. Essas páginas convidam a isso: ir ver diretamente a obra e negligenciar a má reputação do filósofo para lê-lo inteiramente, ou relê-lo. Útil para descontruir a religião cristã e a moral a ela associada, Nietzsche permanece igualmente disponível para as Novas Luzes pós-cristãs. Velhos Piedosos, Inquisidores Obscurantistas e Novos Crentes contra Novas Luzes, a velha história continua... Melhor assim!

Outubro de 2005

---

[11] Jean-Marie Lustiger, arcebispo de Paris entre 1981 e 2005. (N.T.)

Abreviaturas

A – Aurora
ABM – Além do bem e do mal
AC – O Anticristo
AFZ – Assim falou Zaratustra
CI – Crepúsculo dos ídolos
CINT – Considerações intempestivas
CG – Correspondance géneral
CW – O Caso Wagner
DD – Ditirambo e Dionísio
EH – Ecce Homo
FP – Fragments posthumes
GC – A gaia ciência
GM – Genealogia da moral
HDH – Humano demasiado humano
NT – O Nascimento da Tragédia
VP – La volonté de puissance

Introdução
Usos de um intempestivo

Nietzsche está fora de moda. Menos de um século depois da morte do filósofo alemão, nós nunca examinamos o quanto ele foi revolucionário. Entre ele e nós se interpõem diversos tipos de parasitas: uma irmã, duas guerras, as ideologias e uma série impressionante de leituras de má fé, agressivas e mal-intencionadas. Tudo isso contribuiu para produzir uma imagem falsa do filósofo, frouxa, mas que é a que ainda hoje se usa com toda força.

O pensamento contemporâneo de maior destaque não deixou de corromper a obra de Nietzsche, com a ajuda de velhas técnicas, sem parar de reatualizá-las: amálgamas, citações truncadas ou isoladas de seus contextos, esquecimentos deliberados, vontade de interpretar mal certos conceitos maiores – vontade de potência, crueldade, judeidade, escravidão ou plebe – e, evidentemente, má-fé na compreensão do único pensador realmente ateu de nossa modernidade pós-cristã.

Os problemas começam com sua irmã, pouco antes da loucura que o matou pela primeira vez. Em suas lembranças, Elisabeth Förster-Nietzsche conta um episódio emblemático. Ao longo de um passeio, numa noite do verão de 1879, Nietzsche lhe confidencia o seu desejo mais caro em relação ao seu enterro.

Nós havíamos feito uma pausa sobre um platô alto, árido e seco, emoldurado por pinheiros negros, que se destacavam nitidamente sobre o azul frio do céu. Uma multidão de aves de rapina parecia ter marcado encontro sobre essas grandes árvores; elas iam e vinham de um lado para o outro, com seus gritos roucos e estridentes, e o silêncio e a solidão sinistra e muda desses lugares abertos e a brisa fresca da noite nos causavam calafrios. Sentíamos-nos invadidos por um sentimento de abandono infinito, longe de todo ser humano, nesse lugar fúnebre do qual até mesmo as aves de rapina fugiam com a zombaria de seus gritos. Lisbeth, me disse meu irmão em tom solene, prometa-me que quando eu morrer, não haverá em torno do meu caixão nada além de amigos, nenhum curioso, e se eu não puder mais me defender, não permita que um padre nem outro tipo de pessoa venha declarar absurdos sobre meu corpo. Que me enterrem sem mentira, como o pagão honesto que sou (BIANQUIS, 1959, p. 95).

Ah! Depois de onze anos de prostração, causada por uma loucura procedente de uma sífilis em estado terciário, Nietzsche dá seu último suspiro em 25 de agosto de 1900, pouco depois do meio-dia, sob um céu tomado por uma tempestade de relâmpagos.

De forma traiçoeira, essa irmã esquece as promessas sobre as últimas vontades do filósofo: sinos tocando, cemitério cristão, discursos de autoridades e de personalidades, ausência dos amigos autênticos, primeira traição. A pequena burguesia local e os filisteus se entregam aos prazeres de beira de túmulo conforme suas preferências: hipocrisia, solicitude tardia, elogio ao morto, à sua grandeza e à sua genialidade. Para aumentar a insolência, o enterro se realizou segundo as regras mais estritas do rito religioso da Reforma, com canto do coral paroquial – ainda que tenha havido um esforço para cantar Brahms e Palestrina, dois compositores amados pelo filósofo. Último cuidado de uma irmã que decididamente agiu de má-fé: uma cruz de prata maciça chumbada na tampa do caixão de carvalho.

Depois de ter condenado o cadáver de seu irmão a se decompor sob um crucifixo, Elisabeth toma para si as obras, os papéis, as anotações. Não podia ser pior. Com muita cola e tesoura, ela fabrica *A vontade de potência*, um texto certamente pensado e desejado por seu irmão, mas deixado como um rascunho. Usando fragmentos de todas as épocas, privilegiando um determinado projeto dentre outros, tirando de contexto as citações e as referências, Elisabeth Förster-Nietzsche faz de Friedrich um pensador recuperável pelos campos mais opostos aos seus: antissemitas, pangermanistas, nacionalistas e nazistas. Assim, as frases que o filósofo destinou ao judaísmo-cristão – entendido como religião monoteísta obcecada pela renúncia – se confundiram com aquelas que os antissemitas disparavam contra os judeus de então.

Mais pérfida, a irmã, casada com um antissemita notório, sobrevive o suficiente a seu irmão para frequentar Hitler nos seus momentos mais gloriosos. Bajulação e loucura elevados ao cubo, ela faz do chanceler uma mistura de *Super-homem* e *Novo Filósofo*, e não recua diante da injúria de identificar o Napoleão antissemita e belicoso com Zaratustra...

Para selar esta amizade entre impostores, ela ofereceu ao novo chefe do Reich alemão a bengala do filósofo. Hitler, por sua vez, visitou diversas vezes a irmã indigna, subvencionou os arquivos de Nietzsche, deu de presente obras do filósofo a Mussolini, organizou as honras fúnebres de Elisabeth, enfim morta. O mesmo Hitler, com mais fome de sangue do que de saber, fez diversas e repetidas referências a um Nietzsche para maus iniciantes – o truque funcionou. O filósofo foi transformado em precursor do regime nazista, em pensador oficial do novo Império, e assim se manteve durante muito tempo.

Para além da tumba, e como um eco, malgrado o silêncio dos mortos, Nietzsche escreveu em *Ecce homo*: "Confesso que minha objeção mais profunda contra o eterno retorno, meu pensamento propriamente abissal, é sempre minha mãe e minha irmã [...]. É com os próprios parentes, concluirá ele, que se tem menos parentesco: o pior sinal de vulgaridade é estar aparentado com eles"[12] (EH, Por que sou tão sábio, § 3).

★ ★ ★

Os primeiros carniceiros que rivalizam com a irmã são os belicosos das margens do Reno – do lado francês! Patriotas, revanchistas e leitores medíocres fizeram de Nietzsche o filósofo da Primeira Guerra mundial: os epítetos não faltaram, de *superboche*[13] a *sifilítico transcendental*, de soldado raso de regimento até *boche montês*... É necessário precisar que os soldados dos dois campos tinham nas suas mochilas mais aguardente do que Zaratustra, que os governantes estavam provavelmente mais preocupados com o desempenho do aço e das fábricas de guerra do que com a transmutação de valores e de gaia ciência? Velha ilusão dos intelectuais imaginar que o mundo se informa nos livros antes de gerar seus apocalipses, seus horrores e suas hecatombes!

Qualquer um que tenha lido Nietzsche com o olhar que sua obra impõe perceberá imediatamente que seu campo de batalha é exclusivamente intelectual, cultural, que sua filosofia repugna a guerra militar, *stricto senso*, que ele pagou com seu corpo e sua saúde desde a guerra de 1870, e

---

[12] Há mais de uma versão de *Ecce Homo*. Na edição brasileira, o trecho citado pelo autor está como nota de rodapé, na p. 123, o que indica que a versão do livro editado no Brasil é diferente da tradução francesa usada por Onfray para suas citações. (N.T.)

[13] O autor usa a palavra *boche*, forma pejorativa de se referir aos alemães. (N.T.)

que ele usou a guerra, em seus livros, como pura e simples metáfora. Ele nunca cessou de apontar – releia a primeira das *Considerações intempestivas*[14]– a imensa estupidez das guerras, fornecedoras de barbárie, e a necessidade ainda maior de consolidar a sempre débil inteligência.

Mas a guerra emburrece, ela magnifica a estupidez. A Segunda Guerra Mundial ia desencadear o mesmo tipo de paixão: o nazista foi rapidamente identificado com o super-homem, Zaratustra aparecia com o uniforme de artilheiro, de infante ou de piloto de bombardeiro [...].[15] *Para além do bem do mal* forneceria – ao menos era o que se dizia – os regulamentos internos dos campos de concentração (veja atualmente as divagações de um André Glucksmann [1986]). Talvez mesmo se pudesse encontrar, anexo ao Zaratustra, as plantas das câmaras de gás! Nietzsche acusado, Krupp ou Renault, Hitler e Daladier podem descansar em paz. Encontra-se o bode expiatório. Do lado do Reich, Elisabeth – a irmã "de baixos instintos incomensuráveis", segundo *Ecce Homo*[16] – se regozija.

---

[14] Nietzsche publicou uma série de quatro considerações *Unzeitgemässige Betrachtungen*, cuja tradução literal seria "o que não pode ser medido pelo (seu) tempo". Há pelo menos duas traduções francesas citadas por Onfray: *Considérations inactuelles* e *Considerátions intempestives*. Há uma edição brasileira da segunda consideração intempestiva, editada pela Relume-Dumará em coleção coordenada por Maria Cristina Franco Ferraz, a quem agradeço a ajuda na localização das informações. O texto em português é de Marco Antônio Casanova e será seguido aqui sempre que a citação de Onfray se referir à segunda consideração. No volume sobre Nietzsche da coleção Os Pensadores há excertos das quatro considerações, ali traduzidas por *Extemporâneas* por Rubens Rodrigues Torres Filho. Recorro a esta tradução quando possível, mas quando a citação for referente às considerações não traduzidas, sigo o texto de Onfray e traduzo da edição francesa usada por ele. (N.T.)

[15] No original, *Stuka*, modelo de bombardeiro utilizado pela força aérea alemã. (N.T.)

[16] O trecho não consta da edição brasileira. (N.T.)

Nietzsche acharia graça desse anão que se tornou chefe, ele iria fustigar a gritaria da multidão, essas massas delirantes, essa nova religião e seus cultos gregários – o Estado, a Família, a Pátria, a Nação, a Raça, o Sangue – todas as lógicas que ele não cansou de combater. Era esse o sentido de sua guerra – ele, o maior opositor das castas políticas e dos racistas!

Ainda que seja a coisa mais bem distribuída do mundo, a imbecilidade não teve só adoradores. Já entre 1914 e 1918, Remy de Gourmont escreve para afirmar toda a grandeza de Nietzsche e desembaraçá-lo de todos os conluios com os bélicos. Para a Segunda Guerra Mundial, homens discretos – M. P. Nicolas – e outros, mais conhecidos – Georges Bataille – escrevem logo o que é preciso pensar dessa amálgama estúpida e lamentável.[17]

Saído de dois cataclismos europeus, Nietzsche deve ainda atravessar alguns desertos – notadamente aqueles da crítica e da exegese. Os cristãos se apropriam dele: segundo um jesuíta, como um filho de pastor, Nietzsche, sem saber (!), teria desejado um supercristianismo, no qual a crítica radical teria direcionado suas flechas sobre o Cristo, certamente, mas em nome de Cristo.[18]

Associados a esses recuperadores sem escrúpulos – e pouco mais dotados para leitura –, os marxistas também

---

[17] Sobre isso, ver a obra de M. P. Nicolas, *De Nietzsche a Hitler* (Fasquelle, 1936), na qual o autor faz justiça a Nietzsche a respeito de todas as acusações ao examinar seus textos, confrontando-os com os de Hitler, e concluindo a impossibilidade de parentesco. Os trabalhos de Georges Bataille são concentrados em *Réparation à Nietzsche*, número da revista *Acéphahe*, e em alguns artigos nos volumes XI e XII da obra completa publicada pela Gallimard. Ver, igualmente, em *Somme athélogique* o texto "Sur Nietzsche", in *Oeuvres Completes*, t. VI. (N.A.)

[18] Ver as obras de P. P. Valadier, *Nietzsche, l'athée de rigueur*, Desclée de Brouwer, 1975; de Jean Granier, *Nietzsche*, PUF, *Que sais-je?*, 1982; de Éric Blondel, *Nietzsche, le cinquième Évangile?*, Les bergers et les mages, 1980. (N.A.)

fizeram maravilhas: pensador do capitalismo, da burguesia decadente e dos proprietários de terra, defensor de uma ideologia reacionária, suporte teórico dos banqueiros ou dos homens comuns, aterrorizados pela ascensão do socialismo, Nietzsche foi esmagado por algumas invenções e por duas ou três palavras de ordem simplistas.[19]

Enfim, coroação dos sectários, alguns psicanalistas e psiquiatras reduziram o empreendimento filosófico de Nietzsche a alguns traços sumários interpretados como sinais clínicos. Por vezes, os médicos se puseram a exibir o prontuário médico de Nietzsche como um documento de fiança, a fim de desacreditar seu pensamento em nome da sífilis.

Todos esses usos perversos continuaram até os contemporâneos que, nesse sentido, são reacionários fiéis, velhos conservadores mascarados sob os vernizes de uma modernidade de fachada. Ocultemos as identidades... A corporação filosofante, verdadeiramente, não gosta de Nietzsche: pouco preocupada com originalidade, prefere Jesus, Buda ou Kant, as três formulações de um mesmo ideal de pobreza e de desprezo pelo corpo.

Os moralistas de hoje não cessam de reatualizar as teses cristãs. Para eles, Deus não está morto. Há até os que mostram – e é de bom tom – uma conversão tardia, para variar a seita. Sob o manto da *convivência,* do *rosto* e da *Lei do Pai,* de *não-sei-o-quê* e de *sabedoria do amor,* eles se paramentam com os velhos hábitos dos sacerdotes e ficam com raiva se se revela a natureza caduca de seus sermões. Os mais distantes se tornam budistas, amantes da beatitude e da desesperança, da tentação do existir e da ataraxia[20]

---

[19] Ver G. Lukács, *La Destruction de la raison* (L'Arche, 1958), e os trabalhos de Lucien Goldman, Odouev, Marc Sautet. (N.A.)

[20] Ideal de tranquilidade de espírito preconizado pelos filósofos céticos, epicuristas e estoicos, baseado na eliminação de toda inquietação ou angústia, por sua vez conseguida com a abdicação de desejo, cobiça, paixão ou qualquer aspiração sensorial. (N.T.)

oriental, eles reinterpretam, por sua conta, os pressupostos do cristianismo.

No essencial, todos esses antinietzschianos são amigos do recalcamento. Menos teológicos ou místicos contrariados, os mais modernos se tornaram kantianos e desejam um retorno aos paradoxos dos postulados da razão prática. Parecidos com as crianças culpadas por terem quebrado um vaso precioso, eles se confundem em desculpas e não se cansam de colar os cacos – teoria do sujeito, religião do direito, devoções à democracia tocquevilliana, salvação pela moralidade, nova metafísica dos costumes, austeridade da carne.

★ ★ ★

Uma irmã, duas guerras, as ideologias, o reducionismo cristão ou marxista, a reação moralista contemporânea, é muito para um homem só. Vejamos aí negações significativas: a lucidez não é o forte dos homens, eles preferem uma doce ilusão, erros reconfortantes e suaves hipocrisias à verdade crua, fria, se não glacial. Nietzsche aterroriza, petrifica, porque ele ousa o evidente. Aí está a crueldade que ele não cansou de chamar de seus votos: a dureza do saber, a dor da verdade.

Editado por própria conta, vendeu na vida quarenta cópias de seu *Zaratustra*. Recusado no mercado tradicional de edição, Nietzsche sabia ter sido feito para tempos de grande potência: os do pensamento exigente. Ele não ignorava sua extemporaneidade – que ele expressou a todo tempo e em todos os lugares.

Em *Ecce Homo*, na beira do abismo no qual iria se perder, ele escreveu:

> Uma coisa sou eu, outra são meus escritos. Abordarei, antes de falar deles, a questão de serem compreendidos ou incompreendidos. Faço-o com a negligência mais

apropriada: pois este ainda não é o tempo para esta questão. Tampouco ainda é o meu tempo, alguns nascem póstumos (EH, Porque escrevo tão bons livros, § 1).

Ele não podia estar mais certo, e, exatamente um século depois – 1988 –, sua frase ainda é atual. No entanto, o céu clareou algumas vezes durante esses longos anos: de Strindberg a Bataille, de Georg Brandès a Maurice Blanchot, de Michel Foucault ou Gilles Deleuze a Clément Rosset, mesmo de Freud, ou de Pierre Klossowski. Auroras discretas, mas eficazes. Garantiram a permanência de Zaratustra – permanência do fogo e da luz.

Todos esses homens deram conta da pertinência, da atualidade e da grandeza do pensamento de Nietzsche. Eles escreveram como era preciso ler, de forma familiar e habitual, um autor que recomendava que, para lê-lo, se tivesse a principal qualidade bovina: *a faculdade de ruminar*. É a única forma de penetrar um pensamento que não se deixa capturar antes de uma convivência carnal e quotidiana. É preciso viver com Nietzsche, é esse o sentido de sua obra.

Menos Mestre da Verdade do que Mestre de Vida, ele convida a uma grande lição: a da liberação, da autonomia e do prazer. Ao passar muito rapidamente pelas frases de *Assim falou Zaratustra*, muito frequentemente, esquece-se que Nietzsche escreveu: "Assim, queremos o reino da terra" (AFZ, IV, A festa do asno, § 2). Ao seu leitor, ele confessa: "No fundo amo apenas a vida" (AFZ, IV, O canto da dança). Em *A gaia ciência*, ele define igualmente a busca do filósofo: "gozar da condição divina que é bastar-se a si mesmo" (GC, § 300).[21]

---

[21] O autor faz referência à edição de bolso, lançada em 1973 pela UGE (Union Générale d'Éditions), indicando o trecho como parte do § 300. Não há equivalência entre a indicação de Onfray e a tradução brasileira do §300. (N.T.)

Pouco antes de deixar esse mundo, Nietzsche havia escrito: "Tenho um medo pavoroso de que um dia me declarem santo" (EH, Por que sou um destino, §1). Ele convidava a duas lições essenciais: a desconfiança em relação a tudo aquilo que oprime, entrava e freia a expressão vital da singularidade e a necessidade de pensar o mundo a partir da modernidade para além de vinte séculos de ilusões.

Para fazê-lo, ele construiu sua obra sobre uma dupla perspectiva: uma é negadora, força de destruição e de aniquilamento; a outra é positiva, força de proposição e de construção. O martelo e a gaia ciência; as tormentas niilistas e a grande saúde. À luz dessas duas lógicas, Nietzsche faz a única pergunta que merece ser feita: como se pode ser nietzschiano?

Primeira parte
As tormentas niilistas

Sete túmulos sobre o obscurecimento do mundo

Por uma nova cosmologia

Com o filósofo do martelo, o Ocidente – para não dizer a modernidade – é despedaçado, solapado em suas fundações. Vinte séculos, se não mais, de mitos, erros, ilusões, são iluminados pela luz mais nua. Uma luz de mesa de cirurgia, na qual se esquartejaria o animal exaurido, errante há mais de dois milênios. No incinerador de semelhante oficina são lançados os pedaços mais sagrados de uma história orgulhosa de seus subterfúgios. Morte do sagrado, dos ideais, dos princípios arquitetônicos, morte dos pilares dos templos ocidentais: o Mundo, Deus e o Homem.

Nietzsche opera, na metafísica ocidental, a primeira Revolução copernicana digna desse nome. Nada antes dele se parece com tal frenesi de lucidez. Nada, exceto algumas experiências isoladas, apenas sintomáticas da necessidade de acabar com o Velho Mundo. Houve alguns panfletos ateus, algumas proposições científicas desestabilizadoras, uma ou outra figura de subversão, mas nada igual em intensidade, uma operação ao mesmo tempo profunda e ampla.

As concepções pré-nietzschianas do Mundo são antropocêntricas e ideológicas. Um traço de poesia anima os teóricos do real que reservam, na economia de seus sistemas, os melhores lugares à Terra e aos Homens. Gasto, marcado pela entropia, o planeta humano age como gnomo daqueles que pensam. Velha terra amaldiçoada pelos deuses, marcada pelos horrores de milênios grosseiros e brutais, ela permanece o eixo em torno do qual giram as meditações, as preocupações e os projetos.

Nietzsche não precisa de todas essas benevolências. Ele lança sobre o real um olhar sem complacência. Nem desdenhoso nem defensor, ele opera como um anatomista preocupado com resultados objetivos. Durante milênios, o mundo foi primeiro sonhado, depois descrito a partir das imagens deixadas na mente pelas andanças.

Frio e descritivo, Nietzsche escreve:

> Vocês sabem, no presente, o que é este mundo para mim? Vocês querem que eu mostre no espelho? Esse mundo: um monstro de força, sem começo nem fim, uma soma fixa de forças, duro como bronze, que não aumenta nem diminui, que não se usa, mas se transforma, cuja totalidade é de uma grandeza invariável, uma economia na qual não há vencedores nem perdedores, fechados no limite do nada, sem nenhuma flutuação, sem dissimulação, sem nada de infinitamente extenso, mas incrustado como uma força definida em um espaço definido e não em um espaço que contenha o vazio; uma força presente em tudo, um e múltiplo como um jogo de forças e de ondas de força, se acumulando até um ponto em que elas se diminuem uma sobre a outra; um mar de forças em tempestades e em fluxo perpétuo, eternamente prestes a mudar, eternamente prestes a refluir, com gigantescos anos de retorno regular, um fluxo e um refluxo de suas formas, indo do mais simples ao mais complexo, do mais calmo, do mais fixo, do mais frio ao mais ardente, ao mais violento, ao mais contraditório, para voltar em seguida da multiplicidade à simplicidade, do jogo de contrates

ao desejo de harmonia, afirmando ainda seu ser nessa regularidade de ciclos e de anos, se glorificando na santidade do que deve voltar eternamente, como um retorno que não conhece nem saciedade, nem desgosto, nem cansaço (VP, t. I, 2, § 51).[22]

Onde encontramos uma descrição mais familiar do apocalipse? Espera-se chuva de sangue, terror abominável, danações eternas. Roda de Íxion, suplício de Tântalo e rocha de Sísifo, o Mundo visto por Nietzsche é figura da repetição e modalidade do caos. Seus traços fulgurantes são de fogo. Nem esforço em direção ao Éden, nem progressão em direção ao Paraíso, o Mundo é um pretexto para o Polemos, um argumento para a guerra e o conflito. Nesse campo de batalha se enfrentam potências cegas cujos trajetos e destinos contraditórios tecem estranhas tapeçarias. Nós e tramas, as peripécias do real são ilustrações dessas danças magnéticas.

Nietzsche propõe uma cosmologia do transe, das reviravoltas dionisíacas: ele assina a morte das poéticas do mundo para preferir dele uma apreensão grandiosa, marcada pelo medo. Nem entropia, nem fundo, nem forma, nem limite, nem estrutura, esse mundo não parece com nada além dele mesmo. A forma conhecida é abandonada, a descrição ousa explorar terras virgens. Mundo desencantado, deserto ou geleira – tudo atravessado por fulgurantes marcas e feridas. Em que, se não ao raio, essa vontade de potência

---

[22] A primeira versão desta coletânea surgiu em 1901, logo depois da morte de Nietzsche, e tinha 483 fragmentos. Na apresentação à tradução brasileira, Gilvan Fogel explica que houve uma segunda edição, a de 1906, com 1.067 fragmentos, que serviu de base para a tradução brasileira. A edição na qual Onfray se baseia para suas citações é a anterior, e portanto não corresponde à edição da Contraponto, traduzida por Marcos Sinésio Pereira Fernandes e Francisco José Dias de Moraes (2008). Sempre que o autor se referir ao livro, a tradução será minha, com indicações da edição francesa na qual ele se baseou. (N.T.)

nos faz pensar? Raio ou energia dos abismos profundos, correntes pelágicas, amálgamas abissais. A ordem morreu, a harmonia também.

O Velho Mundo desmorona ao mesmo tempo que a descrição antropomórfica que o acompanha – velho realismo caduco – em favor de uma nova abstração lírica, única capaz de dar a impressão de uma selvageria que se pode domar. Duplicações sem duplos, o universo captado por Nietzsche é desconhecido. Fornalha e magma, esse mundo é indizível senão por pontes lançadas ao acaso dentro da própria matéria. Apenas algumas intuições deixam pensar que se pode entrever a economia geral do movimento.

A terra morreu, e, com ela, seu belo ordenamento, portador de uma quietude gerada por séculos de metafísicas servis e cúmplices das religiões mais perniciosas. Nietzsche entendeu o primitivo nas suas convulsões, suas torções, seus sopros. Ele afirmou a eternidade desse movimento de apocalipse. Dessa lama ardente, não sairão jamais nem ordem, nem harmonia, nem sentido, nem evidência. O projeto nietzschiano consiste em compreender o rigor austero de um desejo insensato.

★ ★ ★

Essa leitura imanente do real é prolegômenos para a morte de Deus. Ela anuncia a boa nova do Deus morto. Em tamanho caos, a verticalidade é impensável. Não há mais aspiração em direção a uma abertura celeste, não há mais movimento ascendente em direção ao inteligível. Fim das luzes divinas. Só existem as forças em movimento, os combates titânicos entre os elementos primitivos, sem conjuração possível do acaso através de formas tranquilizadoras. Não se deve esperar nada. O mundo é um caos atravessado por fluxo. E assim será por toda eternidade. Daí os devidos terrores: "A verdade, a grande angústia, é essa: o mundo não tem sentido" (VP, t. XI, 3, § 403).

Filósofo do martelo, Nietzsche não poupou os pontos cardeais, as referências, os centros, as indicações de direção e os planos. Nem escalas nem legendas. O mapa é ilegível. Não há geografia do mundo nietzschiano, somente a possibilidade de um esforço estroboscópico. Epistemológica e metodologicamente, é uma revolução sem precedentes. A crise de consciência anunciada é só desorientação e desespero. O caminhante só tem como recurso a confiança no movimento, o abandono às forças e o consentimento a esse ilustre escárnio.

Novo Heráclito, Nietzsche reconhece que o combate é pai e rei supremo de todas as coisas. Doçura do *polemos*, ao qual é preciso sacrificar. Barulho e furor, o real é filho do conflito, da contradição e da guerra. A genealogia do mundo é a beligerância. As leis dessa guerra são impossíveis de entender. Nem estratégia, nem tática, a vontade de potência tem o gênio da emboscada e da ofensiva. O princípio do real é energia, desejo de força:

> Vocês querem um nome para este universo, uma solução para todos os enigmas? Uma luz para vocês, os mais tenebrosos, os mais secretos, os mais fortes, os mais intrépidos de todos os espíritos? Esse mundo é o mundo da vontade de potência e nenhum outro. E mesmo vocês, vocês são também essa vontade de potência, e nada mais (VP, t. I, 2, § 51).

Pensado como campo de batalha, o mundo oferece diferentes graus de realização da vontade de potência. Esse combate é sem vencedores nem vencidos. A única verdade digna desse nome é a do conflito que dura, persiste e triunfa na sua própria perpetuação. Nessa cosmologia, não há lugar para o repouso, a quietude, o equilíbrio e a certeza. A obra nietzschiana é a cosmografia da eterna desordem.

★ ★ ★

O obscurecimento do mundo anuncia uma melancolia intratável. Nietzsche abole o simbolismo da luz – ou das Luzes. Com ele se abrem milênios de novas claridades: raios frios e ascéticos que caem do caos primitivo e inundam de gelo as cristalizações provisórias. O real nietzschiano é de um negrume fascinante, de um negro profundo, brilhante e gelado.

Não é nem desesperador nem trágico olhar o mundo dessa maneira. Nietzsche opera como um anatomista, convencido da necessidade de uma atenção impassível, a do descobridor de novas fronteiras e, ao mesmo tempo, a do artista. A obra de Zaratustra é a via de acesso às perspectivas hiperbóreas.[23] Essas cintilações vêm carregadas de nevoeiro. A lucidez tem seu preço. Virtude dos fortes, o otimismo é o apoio dos fracos. O olhar nietzschiano é o da sensação de desejo, traço de força e potência, essencialmente tensão em direção a mais energia.

Por mais que se quisesse negar os continentes descobertos por Nietzsche, é claro que eles não deixariam de existir por isso. Sobre essas novas terras, o irracional é a nova razão, o insensato é o novo sentido, o acaso é o novo determinismo. A evidência não impede o paradoxo. Contornar a irrupção apenas adia o confronto. Nietzsche é um guia das altas montanhas, o mestre de verdades alciôneas.[24] "O futuro não tende a nada, nos diz ele, não espera nada [...] é sem objetivo e [...] não é dirigido por alguma grande unidade na qual o indivíduo possa mergulhar totalmente como em um elemento de valor supremo" (VP, t. I, 2, § 51). Essa nova cosmologia é o túmulo do antropocentrismo,

---

[23] Indivíduo pertencente aos lendários hiperbóreos, povo que, segundo os antigos gregos, habitava região ensolarada no extremo setentrional da Terra. (N.T.)

[24] No original, *alcyoniennes*, de alcíone, ave mitológica de canto prantivo que os gregos consideravam de bom augúrio. Previsão ou profecia feita por áugure, com base no voo e no canto das aves. (N.T.)

mas também abismo dos deuses – ou de Deus. A Vontade de potência constrói um cenotáfio.[25]

A pura *irreligião*

Fora da Vontade de potência, nada existe. Onde mais Deus poderia se abrigar, senão nessa energia brutal, conquistadora e ignorante? Se ele existe, ele deveria coincidir, sem falta, com sua vontade imperial. Que necessidade temos nós de chamar de Deus o que, no espírito de Nietzsche, é uma vontade que aspira à afirmação? Somente uma operação perniciosa poderia fazer do nietzschianismo um panteísmo. À moda de Feuerbach, Deus define o cordial como uma produção da impotência dos homens e de sua incapacidade de um pensamento do Grande Meio-dia.

O Mundo da Vontade de potência desconhece Deus. Para além do real, não há nada, Deus é "o nada divinizado, vontade de nada canonizada" (AC, § 18) – porque "construiu-se o 'mundo verdadeiro' a partir da contradição ao mundo real" (CI, III, § 6). Cioso de uma genealogia dessa figura poética e fictícia, Nietzsche analisa a necessidade metafísica para concluir pela sua indigência. A origem de Deus? O desprezo pela Vida, o medo da Vontade de potência, a impotência de assumi-la, de amá-la. A ignorância igualmente: não saber é tender em direção à crença.

O desconhecimento das forças que operam o mundo produz essa criação hiperbólica. Velha obra da impotência humana e da inocência que a acompanha, Deus é uma tolice quando se conhecem os mecanismos da Vontade de potência.

> Assim que se parou de ver a vontade pessoal de Deus na queda de um pobre passarinho do telhado, nos tornamos mais reflexivos; porque a partir daí não se tem mais necessidade de colocar seres mitológicos (tais

---

[25] Monumento fúnebre em homenagem a uma pessoa cujo corpo não foi encontrado. (N.T.)

como a Ideia, a Lógica, o Inconsciente, etc.) no lugar de Deus; vai se tratar, ao contrário, de compreender a existência do mundo pela ação de uma potência dominadora e cega. Que se tenha então a coragem, continua ele, de considerar o homem como o produto de um acaso qualquer, como um nada sem defesa e abandonado a todas as perdições: essa concepção é tão apta a quebrar a vontade humana quanto a de um governo divino (FP, § 138).

Todo real é momento desta potência cega. Recusar o real é gerar Deus. Aceitá-lo é destituí-lo. Fim de uma hipótese.

Fim também de mais de vinte séculos de divisões e de cisões irreparáveis, condições de possibilidade das angústias, das asceses e das purificações herdadas do platonismo. Morte, também, das antinomias entre númeno e fenômeno e fenomenal, entre a ideia pura e o real impuro. Para além da Vontade de potência, não há nada; Deus é uma categoria nula e sem efeito.

> A noção de "Deus" inventada como noção-antítese à vida – tudo nocivo, venenoso, caluniador, toda a inimizade de morte "a vida, tudo enfeixado em uma horrorosa unidade! Inventada a noção de "além", "mundo verdadeiro", para desvalorizar o *único* mundo que existe – para não deixar à nossa realidade terrena nenhum fim, nenhuma razão, nenhuma tarefa! (EH, Por que sou um destino, § 8)

Deus é uma invenção perversa e diabólica dos homens, uma criatura antropofágica que instila em cada indivíduo a contradição da qual ele sucumbe: divisão e cisão, construção de um abismo entre si e si. Deus causa a perda do homem. O atentado que ele perpetua se efetua contra a vida, a força e a potência: ele é o princípio anestesiante, auxiliar do esquecimento – isso que, antes de Nietzsche,

Feuerbach e Stirner estigmatizaram sob o termo de "alienação". Deus se nutre de substâncias que o homem abandona. Ele vive de empréstimos.

Nietzsche, bem cedo, leu as obras de Ludwig Feuerbach. Ele conhecia igualmente muito bem Wagner – fanático de *A essência do cristianismo*[26] – para ignorar as lições do primeiro ateu alemão sistemático. Depois das análises de *A essência da religião*,[27] Deus não pode mais ser visto senão como uma hipótese, um recurso cuja origem é a impotência e o medo, um substituto para as forças débeis, para a falta de lucidez. A revolução feita por Feuerbach é sem precedentes metodológicos: nem inventiva, nem pura e simples negação, o ateísmo de Feuerbach é analítico.

Nietzsche fez suas as conclusões do Mestre que ele leu antes mesmo de escrever uma única linha. Não é possível ler no aforismo 95 de *Aurora* uma saudação a Feuerbach, fundador do ateísmo da *tabula rasa* quando os outros se contentam em colocar balizas? O que diz o texto? Intitulado "A refutação histórica como refutação definitiva", ele precisa:

> Outrora buscava-se demonstrar que não existe Deus – hoje mostra-se como pôde surgir a crença de que existe Deus e de que modo essa crença adquiriu peso e importância: com isso torna-se supérflua a contraprova de que não existe Deus. – Quando, outrora, eram refutadas as "provas da existência de Deus" apresentadas, sempre restava a dúvida de que talvez fossem achadas provas melhores do que aquelas que vinham a ser refutadas: naquele tempo os ateus não sabiam limpar completamente a mesa (A, § 95).

Quebrados em seu âmago, golpeados no rosto, os deuses colapsam. A empreitada de Feuerbach é recente. No momento em que Nietzsche escreve, tem apenas 40 anos.

---

[26] Obra de L. Feuerbach publicada na Alemanha em 1841. (N.T.)

[27] Obra de L. Feuerbach publicada na Alemanha em 1846. (N.T.)

No entanto, os livros nunca são mais do que um reflexo do clima de uma época. Feuerbach teoriza um ateísmo que ele sente nas mentalidades. Ele analisa um fenômeno que ele já podia constatar, valendo-se de um material conceitual em que a realidade é difusa, dispersa e insinua-se nas almas.

Isso vale também para Nietzsche, ateu entre os ateus. Seu mérito é o de forjar a imprecação e liderar o verbo no combate. Fenômeno europeu, o pensador pode, à época, diagnosticar e constatar os efeitos, a extensão das devastações. Deus recua, a crença se metamorfoseia: deixa o terreno da religião pura em troca de concepções políticas originais – pela via de novas metafísicas. Quando se torna filosófica, a ideologia da renúncia e da alienação torna-se platonismo; quando se torna religiosa, torna-se cristianismo; no momento em que se torna política, toma a forma do socialismo. A metafísica da alienação imprime perpetuamente novos hábitos sob os quais ela mascara sua impotência à regeneração.

Ainda que a crença goste de metamorfoses – melhores maneiras de fazer durar o que está caduco há muito tempo –, o ateísmo não para, no entanto, de progredir. Ardil da razão, há pouco reencarnadas, as recentes crenças metafísicas sabem se disfarçar de ateísmo. Mas sua teleologia, seu otimismo, sua crença nos mecanismos sumários designam empreitadas reacionárias que se recusam à autêntica ruptura: se Deus está morto, é preciso cavar sua cova, enterrá-lo, e não tentar mais ressuscitá-lo.

★ ★ ★

A primeira certeza saída da nova cosmologia nietzschiana é que a Vontade de potência é Tudo, portanto Deus não é. O ateísmo é a verdade induzida. Em consequência da constatação do espessamento da negação de Deus, da evolução de tal ideia, Nietzsche convida a uma síntese de vontades desembaraçadas de Deus e de suas formas.

Talvez haja agora entre os diversos povos da Europa de hoje, entre dez e vinte milhões de indivíduos que não mais "creem em Deus" – é exigir muito que *façam sinal* uns para os outros? Tão logo se *conheçam* dessa forma, também se darão a conhecer – de imediato serão um *poder* na Europa e, felizmente, um poder *entre* os povos! Entre as classes! Entre rico e pobre! Entre mandantes e submissos! Entre os indivíduos mais inquietos e os mais quietos e aquietadores! (A, § 96)

Por uma Internacional ateia, autêntica e verdadeiramente ateia: nem deuses nem Deus, nem substitutos nem imitações de deuses – de Deus. A vontade nietzschiana é pura imanência. Os restauradores ardilosos e hipócritas dos princípios de alienação são os últimos guerreiros da crença. Último recurso dos homens em busca da negação de si mesmos.

O ateísmo se constitui em uma premissa para os novos dias e as novas humanidades, enfim revolucionadas. O insensato de *A gaia ciência* é o Diógenes desse futuro sem Deus. Com a luz de sua lanterna, ele procura, braço estendido, luminária na mão, os homens que desejam se juntar ao novo curso dos tempos. Primeiro, ele se lamenta desse deicídio. Depois, fala consigo mesmo: o mundo desencantado, a terra sem sol, a queda sem fim, a confusão entre o alto e o baixo, a errância infinita, o medo e a frieza. Em busca de água benta para purificar as mãos sujas do sangue divino, o insensato profetiza entre os coveiros, ao som que eles fazem em torno dos túmulos, e os assassinos, fascinado pela grandeza desse ato. Novo canto de Maldoror.[28] "Nunca houve um ato maior – e quem vier depois de nós pertencerá, por causa desse ato, a uma história mais elevada que toda a história até então" (GC, § 125).

---

[28] Poema escrito por Conde Lautréamont, poeta francês, entre 1868 e 1869, é considerado uma das obras mais inaugurais da literatura fantástica, gira em torno de um universo mórbido e violento. (N.T.)

Vinte séculos de terrores divinos, de autoritarismo[29] metafísico ou de tirania do sagrado começam a dar os primeiros sinais de fracasso. Momentos precursores de uma ruína sem precedentes. O Ocidente cristão está fissurado, riscado por rachaduras, estragado por fendas, habitado por falhas. Bem-aventurada entropia. Imensas construções e palácios barrocos, igrejas brilhantes e templos frios, monumentos pretensiosos e edículas sagradas vão esboroar-se e desabar na luz e na poeira. Prepara-se a hora das desconstruções dos edifícios. Fim das maçonarias caducas, fim das arquiteturas construídas sobre o vazio, o nada e o mal-entendido. O século XX é a era dos abalos sísmicos e dos tremores de terra, das crateras e dos abismos nos quais vão precipitar-se mais de dois milênios.

Vêm daí as metamorfoses e o bestiário de Zaratustra. Nietzsche anuncia o definhamento do camelo – especialista em se ajoelhar –, do desejo de fardo, da vontade de carregar peso nas costas. Besta horrível, obcecada pelo lastro e pelas mercadorias. Horrível corcunda do imperativo categórico e da morte escolhida e consentida. Horrível carregador da renúncia e da submissão. Besta imunda que só goza sob o peso de suas obrigações. Exigência do leão. Animal que ruge e é capaz de criar sua própria lei, de ousar sua autonomia e singularidade. Argumento da passagem para o pensamento do Grande Meio-dia, momento necessário ao futuro da criança, à realização da inocência. Grandes metamorfoses, tremores de terror e de alegria: os três devires marcam o crepúsculo e as *Auroras*.

> O evento mesmo é demasiado grande, distante e à margem da compreensão da maioria, para que se possa imaginar que a notícia dele tenha sequer *chegado*; e

---

[29] No original, *césarisme*, derivado de César, metáfora para forma de governo personalista e autoritário. (N.T.)

menos ainda que muitos soubessem já *o que* realmente sucedeu – e tudo quanto irá desmoronar, agora que esta crença foi minada, porque estava sobre ela construída, nela apoiado, nela arraigado (GC, § 343).

Obscurecimento do mundo e prolegômenos de uma *Aurora* andam de mãos dadas: pressentimento, espera e impaciência enterram suas raízes no mundo em fusão da Vontade de potência.

Só um assassinato poderia nos liberar de semelhante tutela. Obra tanto mais sutil por não haver carne onde fincar o punhal. Como cravar o cutelo em uma ideia, uma alienação, uma criação do espírito? Vítima inencontrável. Não se sacrifica uma invenção como se mata o bode da tragédia. Combate improvável. Ausência de eco e vazio sideral amplificaram o sopro ilusório até fazê-lo morrer. A perpetuação do silêncio divino, apesar dos gritos do homem, desesperou a humanidade tomada pelo ressentimento diante de tal arrogância.

A história do ateísmo é, primeiramente, a história de uma audácia na ausência de um inimigo visível, de um combate contra sombras, de rixas contra o vento. Foi preciso essa infeliz invisibilidade daquilo em que eles acreditavam para que os homens se metessem na busca de um encontro, por natureza, impossível, para que essa aventura se degenerasse em profanação. Sob o cutelo mortífero, não havia nenhuma presa, nenhuma realidade. Dois milênios de enganação!

Percebido em sua falta de realidade, Deus persiste, por vezes, no paradoxo. Fanáticos do vazio e da alienação produziram uma teologia negativa capaz – segundo eles – de desvendar os mistérios do vazio e do nada. Desde muito tempo, no entanto, os profanadores de santuários só descobrem falta e ausência. Os homens enfurecidos deixam crescer em si uma intratável melancolia, ao mesmo tempo em que percebem que tal deserto é suscetível à fertilização.

A areia de Zaratustra é um ventre quente para os milênios do futuro. Cheio de potencialidades inéditas, os que desprezam o vazio decidiram cravar os punhais nas rugas e nos fluxos desse mar de cristais. Os primeiros grandes trabalhos podiam começar.

Primeiro imperativo, construir um novo túmulo. No reverso da medalha na qual o verso é Deus, há o Homem. Velha ideia, velha mentira e velho mito, o Homem trajando as mais estúpidas vestes douradas. Quanto mais Deus exigia vestimentas ricas, mais os homens se despiam. Na sua nudez miserável, eles mostravam a imperiosa necessidade de novos hábitos. A morte do velho Homem era necessária. Os três túmulos são apenas um.

O devir fragmento

Schopenhauer já havia traçado um retrato não muito lisonjeiro do homem. Nem centro do mundo, nem ponto de chegada e perfeito da criação, o homem é muito mais um esforço medíocre de mascarar o bicho predador, de esconder o réptil aninhado no limbo de seu cérebro. Essa criatura só participa dela mesma: nem imagem de Deus, nem princípio atenuado do ideal. A figura humana é trágica. No meio do caminho entre o reino mineral e o reino animal, ao mesmo tempo macaco e batráquio. No centro dele mesmo, encontram-se os componentes habituais – jogo de forças, vontade de potência e influxos cegos.

A biologia contemporânea confirma o diagnóstico. Giorgio Colli delimita aquilo que, do seu ponto de vista, funda a modernidade e a extrema originalidade do pensamento nietzschiano: "Reconhecer a animalidade no homem e, mais do que isso, afirmar que a animalidade é a essência do homem: aí está o pensamento trágico, decisivo, anunciador de tempestades, o pensamento diante do qual todo o resto da filosofia moderna foi rebaixado a mera hipocrisia" (COLLI, 1987, p. 76).

Com a vontade de potência e a nova cosmologia que ela supõe, Nietzsche ultrapassa as audácias de Copérnico. Com a eliminação definitiva de Deus, ele excede e deixa para trás as impertinências de Feuerbach. Ao definir o homem como um animal atravancado pela civilização, o filósofo do martelo faz empalidecer os atrevimentos de Darwin. Revolução, se há uma, é negar a separação entre reino animal e reino humano...

Nietzsche marca, ainda, o fim de um período – otimista e antropocêntrico – para abrir a era da sabedoria trágica que assume a Vontade de potência como palavra final dessa história. A besta e o homem são habitados pelo princípio que rege o universo. Freud não esquecerá a lição. Depois de Nietzsche, não se vê mais o homem como antes: ousa-se o traço lúcido tão caro aos moralistas franceses.

Como leitor de La Rochefoucauld – lido muito cedo –, Nietzsche entende o amor-próprio como motor do mundo. O homem que os psicólogos do Grande Século descrevem é exibido: o retrato fiel substitui a figura idealizada. Escola dura e impiedosa, a leitura desses autores faz do filósofo do martelo um pensador temível. Zaratustra, fiel discípulo desses escritores de pena de aço, ousa os discursos mais iconoclastas quando desce em direção à cidade mais próxima: "Outrora fostes macacos, e ainda agora o homem é mais macaco do que qualquer macaco. O mais sábio entre vós é apenas discrepância e mistura de planta e fantasma. [...] Na verdade, um rio imundo é o homem" (AFZ, Prólogo, § 3).

Mais do que um animal entre os outros animais, o homem é de fato a mais doente de todas as bestas. O débil por excelência. Aquele que, único entre seus semelhantes, criou-se fraco, franzino e doentio. Ele criou as ferramentas com as quais se emasculou. Atualmente, ele arrasta seus sofrimentos em um mundo no qual ele suporta, adora e obedece. Religião, civilização e moral nutrem essa automutilação: renúncia, desprezo pelo corpo, recusa da vida. O homem é o mais pálido dos animais. Nele morreram as forças e as potencialidades. Ele apagou a potência, asfixiou a energia, estrangulou a força. Em uma sociedade branca e transparente, ele se condenou a uma perpétua errância.

Dançarino e alegre, lúcido e cruel, acompanhado de sua águia e de sua serpente, Zaratustra propõe aos homens um espelho. Não leva em conta violência ou maldade: apenas a lição do reflexo. Portador de uma onda capaz de refletir, ele brande seus espelhos no focinho dos bípedes sem plumas. Se ele não gosta dos homens, é porque prefere suas potencialidades. Aquilo que ainda não veio, as possibilidades de germinação.

Irmão de Stirner[30] e companheiro do Único, o homem da serpente não gosta do Homem da abstração exangue, da ficção teórica, do conceito. Nenhum anti-humanismo em tal constatação, não se pode amar ou detestar uma fantasia: só importa o futuro desta besta que grunhe no deserto e se contenta com repetições e imitações. Zaratustra quer um animal cintilante que ouse, um jato de forças e de potência. Para consentir esse jorro e saturnais perpétuas, é preciso – pressuposição de método – acabar com os erros. Morte, portanto, a tudo que mantém o homem em sua baixeza, sua pequenez, sua mesquinharia. Morte às ficções que garantem os erros de perspectiva, as aberrações.

★ ★ ★

A primeira besteira é crer que o homem detém a faculdade de se determinar livremente. Ainda fiel à lição de Arthur Schopenhauer, Nietzsche destrói essa ilusão metafísica, esse *a priori* corruptor. O homem não é livre, ele é

---

[30] Max Stirner, filósofo alemão (1806-1856) que teria sido lido por Nietzsche (N.T.).

determinado por um inextricável jogo de forças e influxos. Objeto da potência e de seu imperialismo.

> Continua existindo a antiquíssima ilusão de saber, saber com precisão em cada caso, *como se produz a ação humana*. [...] "Eu sei o que eu quero, o que fiz, sou livre e responsável por isso, torno o outro responsável, posso dar o nome de todas as possibilidades morais e de todos os movimentos interiores que precedem um ato; vocês podem agir como quiserem" [...] Assim pensava antes cada um, assim pensam ainda quase todos. [...] Não é justamente isso a "terrível" verdade: que o que se pode saber de uma ação não basta *jamais* para fazê-la? (A, § 116, grifo da tradução brasileira)

Essa pretensa liberdade é invenção de teólogos. Achado de metafísico, retórica de filósofo. Equipados com uma hipotética faculdade de desejar, os homens se tornam responsáveis. Eles são suscetíveis a ter que pagar, a serem condenados, julgados, aferidos. Em tal hipótese, os sujeitos são a origem de seus atos, eles transcendem o grande desejo que os governa. O livre arbítrio é o auxiliar dos juízes: a consciência é pensada como o assento do ser. Erro metafísico por excelência! A consciência é o cruzamento de potências cegas e dominadoras, ela é submetida ao jogo gratuito e fulgurante do instinto, dos influxos e das forças. Ela é cheia de uma energia transbordante, oscilante, e que é só movimento.

Quando os homens agem, eles se submetem à obra da Vontade de potência, tanto quanto o albatroz ou o sapo. Nessa nova perspectiva, as oposições entre bem/mal, verdade/mentira, responsável/irresponsável não têm mais sentido. Tudo está situado para além desses dualismos sumários, no frio e puro raio da potência. O erro do livre arbítrio deu frutos: notadamente o sujeito, o indivíduo como pedaços autônomos capazes de desejar seu destino. Em torno de tal ideia falsa, gira todo o desespero humano.

Infeliz ao medir a extensão de sua impotência, sua pequena participação na perfeição, ele cria um Deus e não se cansa de tentar imitá-lo. Dispor de uma vontade livre é proceder do divino, é compartilhar com os deuses um pouco de seus poderes. Ai! Mais animais que criaturas celestes, os homens não querem aceitar a evidência: o Eu é uma ficção, "o indivíduo é, de cima a baixo, uma parcela de *fatum*, uma lei mais, uma necessidade mais para tudo o que virá e será" (CI, Moral como antinatureza, § 6). E, mais adiante:

> Cada um é necessário, é um pedaço de destino, pertence ao todo, está no todo – não há nada que possa julgar, medir, comparar, condenar nosso ser, pois isso significa julgar, medir, comparar, condenar o todo... *Mas não existe nada fora do todo!* – O fato de que ninguém mais é feito responsável, de que o modo do ser não pode ser remontado a uma causa prima, de que o mundo não é uma unidade nem como *sensorium* nem como "espírito", apenas isto é a grande libertação (CI, Os quatro grandes erros, § 8, grifo da tradução brasileira).

O centro do orgulho do homem sofre um duro golpe. Depois de ter aprendido que ele não era mais – nem mesmo – o centro do mundo, do universo, ele precisa aprender e assumir que também não é o centro de si mesmo. Dupla revolução copernicana que coloca o homem na periferia de tudo e dele mesmo. Ausência de centro, fim dos eixos e dos princípios em torno dos quais se enrolavam as verdades sumárias. A equação se simplifica ao extremo: fora do Todo, não há nada. Esse todo é a Vontade de potência. O homem não passa de Vontade de potência, fragmento dessa totalidade.

★ ★ ★

Lição cruel. Mais cruel ainda é a consequência dessa nova verdade. Parte cega de um Todo, o homem é tão responsável por si mesmo, pelos outros e pelo mundo quanto os outros fragmentos – cristais e pássaros, crustáceos e átomos. Tiremos então as consequências:

> A total irresponsabilidade do homem por seus atos e seu ser é a gota mais amarga que o homem do conhecimento tem de engolir, se estava habituado a ver na responsabilidade e no dever a carta de nobreza de sua humanidade. [...] Tal como ele se coloca diante das plantas, deve se colocar diante dos atos humanos e de seus próprios atos (HDH, § 107).

Como se comporta esse pedaço no grande Todo que o contém? O que ele faz dos outros, de si mesmo e do mundo?

Mais uma vez Nietzsche dirige a luz crua de sua psicologia contra a intersubjetividade. Ele destrói os lugares comuns: nega o altruísmo, a simpatia, a bondade, a docilidade e a gentileza. Ele revela todo o egoísmo subjacente à piedade e à proximidade. Ele fala do erro de acreditar na possibilidade das boas ações. Ele martela a força da Vontade de potência em obra na relação entre os homens. Nem amor, nem amizade, nem ternura, nem compaixão: o homem é um animal selvagem que mascara, sob múltiplas figuras, o imperialismo da energia cega e brutal que o conduz. A terra é uma selva na qual os humanos se enfrentam: seja de frente – dura lei do combate violento e agressivo –, seja indiretamente – estratégias sutis e imposturas singulares. Víbora ou camaleão.

É preciso ser pouco lúcido para não constatar a verdade do diagnóstico de Nietzsche! Em sua obra-mestra da psicologia voltairiana, *Humano demasiado humano*, Nietzsche escreve: "A ideia de 'próximo' – a palavra é de origem cristã e não corresponde à verdade[31] – é muito fraca em

---

[31] O trecho entre travessões não está no original, mas faz parte do trecho na edição brasileira. A supressão poderia comprometer a compreensão da citação. (N.T.)

nós; e nos sentimos, em relação a ele, quase tão livres e irresponsáveis quanto em relação a pedras e plantas" (HDH, § 101). Na origem dos comportamentos, encontra-se uma dialética simples. Sempre um pouco pré-socrática, a retórica de Nietzsche supõe um polo de atração e um polo de repulsão – o amor e o ódio. A vida se organiza em torno dessas duas instâncias. Os homens procuram o máximo de prazer, evitam ao máximo o desprazer: atraídos pelo gozo, eles repugnam a dor. Borboleta obcecada pela lâmpada.

A sentença hobbesiana segundo a qual o homem é o lobo do homem não para de se confirmar. Violência, guerra, crueldade, estão aí os detalhes de toda a intersubjetividade. O motor dos comportamentos é "o impulso de conservação ou, mais exatamente, o propósito individual de buscar o prazer e evitar o desprazer" (HDH, § 99). Essa lógica de busca de satisfação é comum a todos. A vida é o terreno dessas lutas. O outro existe como meio para meus próprios fins. A moral kantiana – por não ter levado em consideração aquilo que é, mas ter-se contentado com o puro dever ser – é como um grande magazine. Fim do kantismo. O outro age como argumento contra minha expansão. Ele é o excesso por definição, o entrave impossível de evitar. "O desejo único de autofruição do indivíduo (junto com o medo de perdê-la) satisfaz-se em todas as circunstâncias, aja o ser humano como possa, isto é, como tenha de agir" (HDH, § 107).

O interesse se constitui no motivo de todas as ações humanas porque ele é a modalidade, na intersubjetividade, da Vontade de potência. Vem daí a necessidade de um traço de lucidez:

> Um ser que fosse capaz apenas de ações altruístas é mais fabuloso do que o pássaro Fênix. [...] Jamais um homem fez algo apenas para os outros e sem qualquer motivo pessoal; e como *poderia* mesmo fazer algo que fosse sem referência a ele, ou seja, sem uma necessidade

interna (que sempre teria seu fundamento numa necessidade pessoal)? Como o *ego* poderia agir sem ego? (HDH, § 133, grifo da tradução brasileira)

Fatalidade do desespero. Força do destino. Não se pode ser moral. A moralidade? Uma velharia...

★ ★ ★

Terceira revolução nietzschiana: o homem não existe. Dito de outro modo: o que esses vinte séculos entenderam sob esse termo não é possível. A morte do homem, antes mesmo de ser anunciada por Foucault, está em Nietzsche! Nem anti-humanismo, nem novo humanismo, mas para além: Nietzsche abre a perspectiva de uma sabedoria trágica. A constatação é definitiva. Como um eco ao obscurecimento do mundo, entende-se Nietzsche proferir, em *Aurora*: "Se apenas forem morais, como se definiu, as ações que fazemos pelo próximo e somente pelo próximo, então não existem ações morais! Se apenas forem morais – segundo outra definição – as ações que fazemos com livre-arbítrio, então não existem ações morais!" (A, § 148). Se a moral não é possível, se o sujeito moral é uma ficção: a que objetivos serviu? A genealogia nietzschiana da moral destrói mais e melhor essa nova fratura do Ocidente.

Retórica de moralina

A revolução operada por Nietzsche no domínio da moral não é sem importância. Nisso também o Mestre das tormentas niilistas se faz formidável. Formidável em lucidez, rigor e precisão. O olhar obcecado que ele não deixa de lançar sobre o mundo lhe dá o mote para uma notável *Genealogia da moral*, na qual ele aniquila os lugares comuns e as falsas ideias. Depois de Nietzsche, os imperativos morais não podem mais nos satisfazer. Ele desmontou os princípios e as engrenagens de toda moral. Ressentimento, reação e má consciência se misturam com os momentos límpidos em que o analista se torna impiedoso; hábitos de mais de dois milênios são destruídos em nome de uma nova lógica, a da moral descritiva – moral trágica porque moral da necessidade, moral da fatalidade que destitui as éticas otimistas de o dever ser normativo.

Nietzsche descreve e desvela uma evidência. Seu problema não é fornecer os argumentos para uma lógica do sacrifício, mas dizer que toda moral, desde séculos, é uma moral do sacrifício e do ascetismo. Seu propósito não é policial, mas mecânico. Seus textos analíticos desfazem – desconstroem, dir-se-ia atualmente – as engrenagens e reduzem ao simples, ao elementar, essa máquina pesada dotada de um formidável poder de repressão. Nada de novo um Moisés, mais um novo Diógenes.

A obra genealógica torna-se purificação, desmistificação do que se apresenta há vinte séculos como uma evidência. Lá onde a moral avança, mascarada, escondida atrás das aparências, Nietzsche opera uma dissociação de ideias: a ética é desarticulada como um objeto. Ela se torna o alvo de uma minuciosa arqueologia. Como sempre, em tal ocasião, o objeto examinado, desnudado e exposto, perde seu prestígio e sua segurança. Empalidece e se revela na sua mais simples expressão: a moral não passa de um instrumento de morte, um ferro para marcar a vida e desqualificá-la para sempre.

Nunca antes dele houve uma tamanha audácia misturada a uma tamanha pertinência. Nem as invectivas, nem os discursos de desprezo conseguiram ferir a credibilidade da ética. Ninguém mais do que Nietzsche ousou a profanação, a invasão do santuário, para afirmar em alto e bom som que o Rei estava nu. Ninguém tentou a dissecção ou ousou a pergunta: em que solos a moral prosperou? Qual é seu sentido? A que interesses ela serve? De que princípios ela provém? A prudência era a regra, como se convida à prudência nos lugares mais sagrados, os mais habitados pelo silêncio dos deuses.

* * *

Nietzsche convida pura e simplesmente a um atentado: "Temos que atirar na moral" (CI, § 36). Suas armas só deixaram poeira. A eficácia da sua munição e das suas dinamites resultou num deserto de pólvora e de fogo. Ele empreendeu nada menos do que a execução das morais normativas – "tu deves" – para promover uma moral sem obrigação, sem sanção, sem imperativo e sem mandamentos – "É assim". A fria força da descrição. Injúria alguma. Basta detalhar aquilo que ele chama – em um neologismo raro de sua lavra – "a moralina"[32] (EH, Por que sou tão inteligente, § 1; AC, Prólogo, § 2).

A moralina é, de fato, o ópio da Vontade de potência, o argumento utilizado contra a vida. Ela se ativa em todo ideal ascético: ela adormece a energia, acalma os instintos, anestesia a força. Tem a eficácia de um analgésico. Seu alvo? O Eu que é preciso desfazer – o Eu, ou o que se apresenta como tal.

Feliz dualismo esse do corpo e da alma! Ele autoriza das retóricas mais perversas às lógicas mais capciosas. Assim joga-se a alma contra o corpo, o espírito contra a carne, o controle contra o abandono – dito de outra forma: a negação contra a afirmação. O monismo nietzschiano se acomoda mal a esse subterfúgio. A alma é uma invenção do homem impotente para assumir seu campo de forças. Não há nada além do corpo, a alma é uma de suas modalidades. A moral não pode se dirigir mais a uma parte do corpo para negar outra.

Contra a tradição ocidental que faz dos filósofos escravos desse erro, Nietzsche vai à guerra de forma veemente: "Existe, incontestavelmente, desde que há filósofos na terra, e em toda parte onde houve filósofos [...], peculiar irritação

---

[32] *Moralina* foi a tradução adotada por Paulo César de Sousa para o neologismo *moraline*, que, segundo o tradutor, foi criado por Nietzsche, a partir de *judeína*, de Paul de Lagarde, erudito conhecedor das religiões orientais (EH, nota 17). (N.T.)

e rancor dos filósofos contra a sensualidade" (GM, III, § 7). Como dizer que ele estava errado? Existe, é verdade, uma cabala bimilenar contra a tradição materialista, monista ou sensualista, bem viva de Demócrito a Büchner. Nietzsche se insurge contra esse estado de coisas. A moral renuncia à parte maldita, à carne, ao sangue e à linfa para preferir a parte celeste, divina – mas inexistente...

O corpo é o grande olho pelo qual se capta o mundo, a única operação que autoriza a apreensão global do real sob o ângulo da Vontade de potência. Obra da força que se instala na carne, ela é também energia suscetível de captação por si mesma. Autoanálise ou escuta de seus efeitos. Sentinela da noite, da penumbra e do vento, Nietzsche persegue os efeitos da moralina sobre suas presas.

Zaratustra invectiva os contendores da carne. Ele os censura por terem cometido o ato mais repreensível de toda a história da humanidade: o esquecimento do corpo, a distração das coisas próximas. Com o bestiário simbólico, o solitário proclama:

> Corpo sou eu inteiramente e nada mais; e alma é apenas uma palavra para um algo no corpo. O corpo é uma grande razão, uma multiplicidade com um só sentido, uma guerra e uma paz, um rebanho e um pastor. Instrumento de teu corpo é também tua pequena razão que chamas de "espírito", meu irmão, um pequeno instrumento e brinquedo de tua grande razão (AFZ, I, Dos desprezadores do corpo).

Com o olhar fixo em sua audiência, o olho cheio de fogo, ele continua:

> Eu, dizes tu, e tens orgulho dessa palavra. A coisa maior, porém, em que não queres crer – é teu corpo e sua grande razão: essa não diz Eu, mas faz Eu. O que o sentido sente, o que o espírito conhece, jamais tem fim em si mesmo. Mas sentido e espírito querem te

convencer de que são o fim de todas as coisas: tão vaidosos são eles (AFZ, I, Dos desprezadores do corpo).

Seguem análises que não deixam de evocar as de um certo doutor vienense... Tópica nietzschiana na qual Si Mesmo e Eu combatem, manobram, ou estabelecem uma relação indizível. Jogos e caprichos, fintas e ilusões, a carne é o lugar desta estranha e potente alquimia. Ilusão do Eu, verdade da Vontade de potência; ilusão da Moral, verdade dos instintos; ilusão das ideias e crenças metafísicas, verdade de uma retórica louca. Se o corpo é movido por esta Vontade de potência, o que pode a moral? Nada. Início da sabedoria trágica: consentir ao inelutável. Não se pode evitar essa alternativa: consentimento ou resistência à Vida. Aí está o sentido da ética. Ainda é preciso especificar que essa escolha se trama na carne, mas de forma alguma na consciência ou na alma.

★ ★ ★

Antes da obra freudiana, Nietzsche suspendeu o véu do mundo dos instintos. Ele se dá até ao luxo de uma paternidade honrosa, já que expôs a engrenagem do que, desde Freud, se chama Recalque. O último Freud vai isolar as forças cujas origens são também nietzschianas: assim são o Princípio de Realidade e o Princípio de Prazer, estranhamente aparentados com os ramos flexíveis e móveis que surgem no retrato do "homem interior" feito por Nietzsche.

Sob a escrita do filósofo do martelo, assiste-se à descrição do homem castrado, cuja energia é mantida num papel inofensivo. Assim aparece a distinção entre uma moral anterior ao ressentimento e uma moral posterior. Uma moral de Senhores e uma moral de Escravos. A análise genealógica diz respeito à segunda, aquela cujas formas prevaleciam na época de Nietzsche – e ainda atualmente. O pai de Zaratustra faz uma fina análise desta segunda moral e conclui pela sua periculosidade. A moral primeira foi a dos Fortes, que naturalmente consentem em sua própria Vontade de potência. As coisas então são simples: suas vozes se confundem com a verdade, portanto, com o bem. Eles expressam o sim à vida. Conscientes de sua qualidade, eles existem em número menor que os outros que se submetem a sua lei. Espoliados e tomados por um desejo de revanche, os Fracos se associam. Se lhes falta qualidade, ao menos eles são majoritários em número.

Todas as virtudes primeiras – saídas da nobreza, da grandeza, da distinção e da potência – tornaram-se alvos. O ressentimento os anima e eles efetuam uma transmutação dos valores: o bem dos fortes se torna o mal dos fracos, e vice--versa. A vida fica ainda mais pobre. Os fortes são minoritários e dispersos. Uma lei enunciada por Nietzsche afirma que "os fortes buscam necessariamente *dis*sociar-se, tanto quanto os fracos buscam *as*sociar-se" (GM, III, § 18, grifo da tradução brasileira). Por esse princípio, a duração é assumida pelos fracos, que cristalizam em formas duráveis seus novos éditos.

Esta trágica operação que vê a vitória da mediocridade reunida contra a excelência fragmentada ganha consistência em uma civilização caracterizada pelas destruições que comete. Assim, a primeira transvaloração dos valores é a origem de um escancaramento sem fundo no centro do homem. A origem desta fratura se deve à carga contranatural que os homens tiveram que suportar desde os tempos do ressentimento triunfante. Submetidos à lei do ascetismo, do ressentimento e da submissão, os homens, habitados por uma formidável potência desejante de obra e de expansão, veem crescer neles uma tensão terrível. A vida devia ser envenenada por um novo germe. Sinal dos tempos e do progresso nefasto realizado pela nova retórica, o mal-estar se inscreve nas profundezas da carne. As análises de *Genealogia da moral* são, neste ponto, extremamente claras e eficazes: a má consciência é, depois do ressentimento, a segunda figura da moralina.

> Vejo a má consciência como a profunda doença que o homem teve de contrair sob a pressão mais radical das mudanças que viveu – a mudança que sobreveio quando ele se viu definitivamente encerrado no âmbito da sociedade e da paz [...]: havia um terrível peso sobre eles. [...] Creio que jamais houve na terra um tal sentimento de desgraça, um mal-estar tão plúmbeo (GM, II, § 16).

A melancolia intratável encontra aqui seu genealogista: a renúncia à vida.

O efeito mortífero deste trabalho de contenção e de retenção das pulsões sombrias é analisado logo em seguida. As linhas que seguem não deixaram de influenciar a etiologia freudiana no que diz respeito ao Recalque e ao Retorno do recalcado. Julguemos: "Os velhos instintos não cessaram repentinamente de fazer suas exigências! Mas era difícil, raramente possível, lhes dar satisfação: no essencial tiveram de buscar gratificações novas e, digamos, subterrâneas" (GM, II, § 16). A civilização como causa das neuroses; o princípio de realidade como princípio imperioso e autoritário, negador do princípio de prazer; a Vontade de potência contrariada pelo ideal ascético: aí está a obra da moralina, aí estão as principais redes que constituem a moral escrava. Desenraizados, arrancados de suas terras primitivas, os homens foram intimados a assumir o crepúsculo da vida. A renúncia, o esquecimento do corpo, a morte da potência se tornavam as virtudes supremas enquanto os portadores de uma saudável e autêntica energia malgasta pereciam de tédio.

★ ★ ★

O que fazer hoje com o triunfo soberano da ética da morte vivida no cotidiano? Solução simples. Sempre indicando o fato bruto de que só há Vontade de potência, que o livre arbítrio é uma ficção, Nietzsche pensa os homens desigualmente dotados de potência – energia demais ou de menos. A moral do ressentimento quer o silêncio da parte maldita; a moral nietzschiana quer sua afirmação. Ou a moral continua a ser o apagador da vida, ou se torna a lógica do grande sim, o oxigênio redentor que se encarrega da parte maldita tornada parte divina. A alternativa é simples: consentir ou não a potência em si. Deixar a vida falar ou intimá-la a se calar. Liberar as forças ou contê-las, custe o que custar.

★ ★ ★

Deve-se, no entanto, concluir que, dessa maneira, Nietzsche convida ao furor e à selvageria do "bando de bestas louras" (GM, II, § 16)? Certamente não. Isso seria esquecer o caráter descritivo do pensamento de Nietzsche e reduzi-lo a uma prescrição de normas e de tábuas de leis. Nada é mais estranho a Nietzsche que um novo decálogo. Ele convida apenas a abater as forças mortíferas em nós: nem ressentimento, nem má consciência, nem culpa de Viver – simplesmente viver.

Respondendo por antecipação às críticas que se poderia fazer a ele sobre o perigo dessa perspectiva libertária em matéria de instintos, ele assinala que só há problemas quando a Força e a Potência são postas a serviço das forças de morte – novas virtudes clericais que ele combate. Assim, ele deplora "epidemias epiléticas, maiores de que fala a história".[33] Seguem algumas referências: dança de São Vito, feitiçarias, ou – Nietzsche prefigura estranhamente o delírio fascista para responder antes da hora – "delírios coletivos sedentos de morte, cujo horrível grito – '*evviva la muerte*' – foi ouvido por toda a Europa, interrompido por idiossincrasias ora voluptuosas, ora destrutivas" (GM, III, § 21). Todas essas festas negras e coletivas são a cristalização combinada dos ideais ascéticos – duas razões de desagradar Nietzsche. Suponhamos o que ele teria pensado das celebrações grandiloquentes dos fascismos provadores da morte

---

[33] Sem referência no original. (N.T.)

lá onde ele quer a vida! Imaginemos seu julgamento sobre os fascismos obcecados pela renúncia e pelo sacrifício lá onde ele só queria a afirmação e a alegria na e pela vida!

★ ★ ★

O paradoxo final é que nem mesmo o consentimento ou a recusa da Vontade de potência escapam às ordens e à lógica desse querer imperioso. De fato, só há vontades fortes ou débeis, arrastadas no turbilhão de energia que as ultrapassa, as controla, e brinca com elas. Porque "toda moral sadia é dominada por um instinto da vida (CI, Moral como antinatureza, § 4). E se ele escreve que, para ele "a vida mesma é *essencialmente* apropriação, ofensa, sujeição do que é estranho e mais fraco, opressão, dureza, imposição de formas próprias, incorporação e, no mínimo e mais comedido, exploração" (ABM, § 259, grifo da tradução brasileira), não é para convidar a vida a se fazer nietzschiana, mas simplesmente porque a vida é como Nietzsche a descreve, friamente, com o cinismo mais cortante. A violência do real não é uma prescrição livresca...

Elogio de Pôncio Pilatos

O atentado mais célebre de Nietzsche é, sem contestação, o que ele perpetra contra o Cristianismo. Matar Deus, ainda passa. À sua maneira, os defensores do deísmo, do panteísmo e da teologia negativa tinham preparado o terreno. Passo a passo, eles tinham bordado a mortalha, garantindo que, apesar do cadáver, eles não iriam mais longe na descristianização. De fato, todos os pensadores heterodoxos cessaram toda atividade depois de depor o cutelo deicida. Seu furor poupou as consequências de um Deus no terreno da moral, dos costumes e da religião.

Denis, o Areopagita, ou Spinoza não convidam a queimar os textos sagrados. Eles não colocam em questão as lições do Deus que eles, pouco a pouco, dessacralizaram.

Por vezes, até, o tornam mais misterioso, mais inacessível, eles contribuem para um reforço do divino. Lá onde Strauss ou Renan dissertam sobre a divindade de Jesus, sobre sua relação com os símbolos, sobre seu sentido histórico, Nietzsche invectiva, provoca. Assim, ele escreve em *O Anticristo*: "Ainda preciso dizer que em todo o Novo Testamento aparece uma *única* figura digna de respeito? Pilatos, o governador romano" (AC, § 46, grifo da tradução brasileira).

Feliz de Pôncio Pilatos, que encontra, depois de dois mil anos de descrédito, um filósofo para apoiá-lo no seu papel e na sua função! Imaginemos um instante a reação dos filisteus prussianos contemporâneos de Nietzsche ao ler essa frase... Olhemos ainda na cara de nossos modernos cristianófilos, como é grande a blasfêmia. Feliz de Judas Iscariotes com os trinta dinheiros, promovido a ajudante de campo do prefeito da Judeia! Aí estão, ambos figuras emblemáticas do combate conduzido por Nietzsche contra os *detratores do corpo* e os *arraigados às crenças*.

Mais nada se salva, portanto, na miscelânea dos textos do Novo Testamento, senão o funcionário que abandona ao povo o destino do Nazareno. É pouco. Como, aliás, é possível encontrar seu caminho – aquele que conduz à Vontade de potência – quando se perambula em tal labirinto no qual se misturam pescadores de mãos vazias, céticos coletores de impostos, carpinteiros e fariseus inocentes, prostitutas perfumadas ou fanáticos confusos?

O filósofo do martelo não pode, de fato, encontrar amigos nesse reduto de mendigos e velhacos empenhados em matar a carne, desprezar o corpo, mergulhar os fiéis na água ou mitigar com milagres as carências de padaria. Nietzsche teria até alguma simpatia pelo Jesus dos mercadores do templo, o das imprecações contra seu tempo. O pensador inatual poderia tê-lo seduzido. Também o irônico ou o crítico da tradição. Provavelmente poderia até ter sentido alguma simpatia pelo homem capaz de endossar com essa força e essa persuasão o personagem de um Diógenes na Palestina.

Mas nada é mais estranho à Nietzsche que os argumentos de Jesus: a arte retorcida do símbolo e da metáfora (que alguns levam a sério no seu Zaratustra, onde não há dúvida da suprema ironia, fria e feita de aço). Nada é mais insuportável, também, que essa loucura da negação da vida, esse entusiasmo delirante e fanático pela morte e os odores do túmulo do qual Jesus não para de exibir. O Cristo é a figura sintomática do ideal ascético, da renúncia e do ódio à vida. Sob essa rubrica, não haverá um território de entendimento entre Dionísio e o Crucificado. Cada um com seu combate – dois universos, um o negativo do outro.

Por trás da doutrina cristã, Nietzsche não cessou de perceber

> [...] a *hostilidade à vida,* a rancorosa, vingativa aversão contra a própria vida [...]. O cristianismo foi, desde o início, essencial e basicamente, asco e fastio da vida na vida, que apenas se disfarçava, apenas se ocultava, apenas se enfeitava sob a crença em "outra" ou "melhor" vida. O ódio ao "mundo", a maldição dos afetos, o medo à beleza e à sensualidade, um lado-de-lá inventado para difamar melhor o lado-de-cá, no fundo um anseio pelo nada, pelo fim, pelo repouso, para chegar ao "sabá dos sabás" (NT, Prefácio, § 5, grifo da tradução brasileira).

Tudo isso é sinal de niilismo, de pobreza e indigência. A religião cristã é "a mais perigosa e sinistra de todas as formas possíveis de uma 'vontade de declínio', pelo menos um sinal da mais profunda doença cansaço, desânimo, exaustão, empobrecimento da vida" (NT, Prefácio, § 5).

O niilismo começa com a vontade de fazer triunfar os valores de negação sobre os valores de afirmação. Historicamente, a decadência e o começo do niilismo coincidem:

o período é o da primeira transmutação. Assim que se tratou de suspeitar da vida, a decomposição se pôs em marcha: ódio de si, desprezo pela vida, puderam se encarnar no cristianismo depois de cristalizados nas malhas do judaísmo, assim como nas da filosofia pós-socrática.

Como bom platonismo, o cristianismo desvaloriza as coisas próximas para preferir as distantes: preferências por mundos ocultos ilusórios em detrimento do único real possível, obsessão por um futuro mítico e por um futuro ecumênico, esquecimento do instante. Jesus se apresenta como a figura arquetípica da morte: sua vida não passa de uma longa sucessão de aprovações da morte até em suas formas mais paradoxais. O Nazareno é um atentado contra a vida, um suporte para medos e nojos, misturados para dar sentido à terra. O cristianismo fixa os eflúvios que emanam das ideologias da renúncia – platonismo, certamente, mas também primeiro estoicismo e outras asceses antigas.

A carne é definitivamente morta com Jesus. Fim, com ele, de toda possibilidade hedonista, de toda lembrança cirenaica.[34] O corpo só merece desprezo soberano, negligência atenta. O dualismo do corpo e da alma é levado ao seu paroxismo. Com a ajudada retórica, a carne real – linfa e sangue, gordura e pele – é substituída pelo corpo glorioso. Toda prática cristã deverá ser de purificação, no sentido dado por Plotino,[35] ascese suscetível de assegurar a eternidade da alma sob a forma de um corpo sem matéria, sem forma, sem dimensão e sem devir. Ilusão suprema da superação de um dualismo se trata de esquecer a carne.

---

[34] Relativo à Cirene, cidade grega que sediou a escola de filosofia fundada por Aristipo, discípulo de Sócrates, que defendia que a vida ética deveria ser orientada pelo gozo imediato do prazer. Cirenaica é também o nome de uma região oriental da Líbia, daí a decisão de traduzir *cyrénaïque* por cirenaica. (N.T.)

[35] Plotino, filósofo neoplatônico, defensor da preexistência da alma. (N.T.)

Dois milênios se apropriarão desta obsessão: matar o corpo, a carne, as paixões e as sensações. Dois mil anos eficazes que santificam a preeminência do esforço no sentido de mais alma e menos corpo. A cruz se torna o único lugar possível de beatitude: cilícios e flagelações mentais, o cristianismo é o instrumento de tortura das carnes. Como expressar melhor o gosto pelo nada e o nojo da vida?

Em *O Anticristo*, Nietzsche precisa:

> O conceito cristão de Deus – Deus como deus dos doentes, Deus como aranha, Deus como espírito – é um dos mais corruptos conceitos de Deus que já foi alcançado na Terra; talvez represente o nadir na evolução descendente dos tipos divinos. Deus degenerado em *contradição da vida*, em vez de transfiguração e eterna afirmação desta! Em Deus, a hostilidade declarada à vida, à natureza, à vontade de vida! Deus como fórmula para toda difamação do "aquém", para toda mentira sobre o "além"! Em Deus, o nada divinizado, a vontade de nada canonizada! (AC, Prólogo, § 18, grifo da tradução brasileira)

A religião de Cristo é, portanto, a forma mais recente tomada pelas idiossincrasias da renúncia e da asfixia da vontade de potência. Antes do culto do crucificado, o judaísmo encarnava o argumento das forças de impotência. Vem daí a crítica conjunta, em Nietzsche, ao judaísmo e ao cristianismo sob o termo judeu-cristão.

★ ★ ★

Sobre esse assunto, é preciso gastar tempo para desfazer os mal-entendidos mais tenazes sobre o pensamento – sem ambiguidades – de Nietzsche no que diz respeito à questão judaica. Um poderoso contrassenso, amplificado por múltiplas detrações, fez de Nietzsche um pensador antissemita, ou pelo menos recuperável por essa gente. A enorme distorção provocada por sua irmã não foi, evidentemente, insignificante nesse episódio. Dela, Nietzsche tinha uma visão lúcida. Sabe-se que Elisabeth Judas-Föster – como Georges Bataille[36] a chamava – estabeleceu com o chanceler do Reich relações das mais amigáveis: presentes, colaborações, visitas, encontros. Além do mais, ela fez de Hitler o promotor da Grande política esperada por seu irmão – Hitler em Zaratustra! A lista detalhada de todas as falsificações de texto feitas com seu auxílio seria longa. Nietzsche sempre sofreu – e sofre ainda, aos olhos dos tolos e dos imbecis – de uma reputação de pensador diabólico [a metáfora aqui tem relação com o cheiro de enxofre], precursor do III Reich, e, portanto, pré-nazista.

Para fazer justiça a Friedrich contra Elisabeth, alguns detalhes: quando ela se casa com Bernard Föster, um dos mais ativos militantes antissemitas de seu tempo – ele cria, ao lado dela, uma comunidade ariana no Paraguai – Nietzsche escreve claramente sobre seu desacordo:

> Teu casamento com um chefe antissemita expressa, por toda a minha forma de ser, um distanciamento que me enche de rancor [...] Porque, veja bem, é para mim uma questão de honra observar, diante do antissemitismo, uma atitude sem equívoco: a saber, de oposição [...] Minha repulsa por esse casamento é o mais pronunciada possível (CG, Lettre à soeur).

Uma segunda observação permite medir a intransigência de Nietzsche sobre essa questão: seus primeiros textos foram publicados por E. W. Fritzsche, o editor de Richard Wagner. Depois de sua briga com o compositor, e igualmente das dificuldades financeiras de Fritzsche, Nietzsche

---

[36] Ver BATAILLE, Georges. Nietzsche et les fascistes, *Acéphale*, n. 1, 21 jan. 1937. Ver também em *Obras completas*, Nietzsche et les fascistes, t. XI. Ver ainda PETERS, H. F. *Nietzsche et sa soeur Elisabeth*. Paris: Mercure de France, 1978. (N.A.)

ficou algum tempo sem editor para suas *Considerações intempestivas*. Um jovem personagem que acabara de criar sua editora lhe propõe editar as próximas intempestivas que viriam a ser entregues. Schmeitzer deu prioridade ao seu gosto pelo trabalho do filósofo.

Na expectativa de ganhar um pouco de dinheiro, o filão antissemita – em voga naquele tempo – é promissor: Schmeitzer então se engajou na edição de livros militantes. Posto diante do fato consumado, Nietzsche desabona esse editor. Em uma carta a Overbeck, escreve: "A última empreitada de Schmeitzer – seu projeto de publicar textos antissemitas – me repugna; estou irritado por ele não ter me dito nem uma palavra" (CG, A Overbeck). Depois de tal decisão, Nietzsche não encontrará mais editor. Dali em diante, toda sua obra será publicada às suas custas...

Além de uma oposição feroz ao antissemitismo, Nietzsche desenvolve uma crítica teórica às teses de seu cunhado. Em um parágrafo sintético sobre o tema, ele confessa toda sua simpatia pelo povo perseguido, errante e sem pátria. Ele fala da sua proximidade com a sua dor:

> Na Europa, no entanto, eles passaram por uma escola de dezoito séculos, algo que nenhum outro povo pode aqui apresentar, e de uma forma que não tanto a comunidade, mas sobretudo os indivíduos lucraram com esse terrível aprendizado. Em consequência disso, os recursos mentais e espirituais dos judeus de hoje são extraordinários (A, § 205).

Nietzsche lhes atribui qualidades como sangue frio, tenacidade, esperteza, coragem e heroísmo.

> Eles têm todos, continua Nietzsche, a liberalidade de espírito, e também da alma, que produz nos homens a frequente mudança de local, de clima, de costumes dos vizinhos e opressores; eles desfrutam, sobejamente, da maior experiência em todas as relações humanas,

e mesmo na paixão exercitam a cautela vinda dessa experiência (A, § 205).

O resto do aforismo é do mesmo nível. Em outra passagem, ele até convida à mestiçagem entre judeus e prussianos, a fim de produzir uma geração forte e inteligente, poderosa e astuta.

Como explicar então que se possa ter feito de tal homem um antissemita, autor de frases assassinas sobre os Judeus? Simplesmente porque é fácil – sua irmã fará a primeira demonstração – confundir e assimilar os judeus como figuras emblemáticas do monoteísmo ascético, da renúncia e da negação da Vontade de potência, com os Judeus entendidos como provenientes desse povo antigo e transformado, na Prússia do século industrial, em banqueiros, financistas, tecelões, vendedores de tecidos ou intelectuais. Os Judeus fustigados em *O Anticristo* são os religiosos que criticam os valores ascendentes: o povo da primeira alquimia ética, aqueles que substituíram os valores do consentimento à vontade de potência pela negação da vida.

Pode-se, assim, compreender frases que, escritas ou citadas em um outro contexto, só podem ser horríveis. Por exemplo, quando ele indica que os Judeus são o povo mais funesto da história do mundo... (AC, § 24). Nesse caso, se se pode fazer dos Judeus um povo maldito, é como responsáveis pela morte das morais aristocráticas e criadores das morais plebeias do ressentimento. Os Judeus subverteram as forças naturais e positivas e alimentaram a germinação dos falsos valores – fraqueza, doçura, timidez, compaixão. Funesto, esse povo não pode sê-lo realmente, mas filosoficamente, porque ele apostou na renúncia contra a grande saúde, em um não mortífero, contra o sim vital.

Lidas com um olhar não filosófico, essas considerações poderiam ser terríveis. O antissemitismo político – do tipo de Föster e Schmeitzer, que conduzirá ao antissemitismo de Estado do nazismo – sempre provoca a hostilidade de Nietzsche. A oposição nietszchiana ao povo judeu se faz unicamente em relação aos valores éticos. No parágrafo 251 de *Além do bem e do mal*, encontra-se inclusive um elogio à mestiçagem com os Judeus, uma saudação à pureza, ao vigor e à resistência judaicas: "Um pensador que tenha na consciência o futuro da Europa contará, nos projetos que fizer consigo no tocante a esse futuro, tanto com os judeus como com os russos, como os fatores mais seguros e mais prováveis no grande jogo e no combate de forças" (ABM, § 251).

Nietzsche continua afirmando que, se eles quisessem, os Judeus teriam meios de ter a Europa ao alcance da mão:

> Que os judeus *poderiam*, se quisessem – ou se fossem obrigados, como parecem querer os antissemitas –, ter já agora a preponderância, e mesmo literalmente o domínio sobre a Europa, isto é certo; que eles *não* trabalham nem fazem planos para isso, é igualmente seguro. Entretanto o que eles desejam e anseiam, com insistência quase importuna, é serem absorvidos e assimilados na Europa, pela Europa; querem finalmente se tornar estabelecidos, admitidos, respeitados em algum lugar, pondo um fim à sua vida nômade, ao "judeu errante" –; esse ímpeto e pendor (que talvez já indique um abrandamento dos instintos judaicos) deveria ser considerado e bem acolhido: para isso talvez fosse útil e razoável expulsar do país os agitadores antissemitas (ABM, § 251, grifo da tradução brasileira).

São necessárias outras citações?

★ ★ ★

A crítica nietzschiana do judaísmo-cristão é, portanto, crítica das forças que tomaram para si a incumbência das potências do ideal ascético: o judaísmo, depois o catolicismo e o protestantismo, mas também, mais tarde, o budismo e seus filhotes filosóficos, a filosofia de Schopenhauer. Enfim, preocupado em erradicar todas as formas tomadas pela renúncia, e ultrapassando a religião, Nietzsche atacará, para colocá-las em pedaços, as ideologias, as políticas zelosas dessas mesmas virtudes decadentes. O judaísmo não é mais do que um momento – original, certamente, mas um momento, apesar de tudo – dessa grande história do não à vida, da negação da Vontade de potência.

Na articulação desses momentos, encontram-se alguns homens que tomam como tarefa, sob aspectos falsamente revolucionários, as modificações formais que dão a impressão de revoluções de fundo. Entre o judaísmo e o cristianismo, encontra-se Paulo de Tarso, Paulo, o fanático, o convertido tão feroz em suas convicções antes mesmo de seu encontro com o pensamento de Jesus. Entre o catolicismo e o protestantismo, houve Lutero e Calvino.

Nietzsche não gosta nem um pouco desses homens do pensamento reativo. Do primeiro, do convertido de Tarso, ele escreve:

> Paulo, o ódio chandala a Roma, ao "mundo", feito carne, feito gênio, o judeu, o judeu *eterno par excellence*... O que ele intuiu foi como se podia, com ajuda do pequeno movimento sectário cristão à margem do judaísmo, atear "fogo" no mundo, como se podia juntar tudo o que se achava embaixo, tudo o que era secretamente sedicioso, todo o legado de agitação anárquica do império num formidável poder (AC, § 58, grifo da tradução brasileira).

Com Paulo, o niilismo promovido pelos Judeus encontra uma nova saúde. Disfarçado, ele consegue se sustentar. Sob diferentes formas, persegue-se um fim idêntico: a promoção das forças de morte.

A estranha alquimia implicava na promoção das virtudes negativas: piedade, compaixão, amor ao próximo, de onde vem a aristocratização dos fracos, dos indesejados, dos indigentes e dos pobres. De onde vem, igualmente, a apologia de todas as figuras da fraqueza: o cego e o paralítico, o empesteado e o doente, o passivo e o submisso. Com Paulo, a corte dos milagres chega aos campos elísios. Em torno dele se desenvolveu a casta sacerdotal cheia de padres, de apóstolos, e de Pais da Nova Igreja. Pastores e teólogos foram os agentes multiplicadores das forças niilistas.

Desta casta saíram as palavras impostas como lei e verdade: desqualificação da carne, do prazer, dos sentidos, das paixões, do gozo, desprezo pelo corpo, pela vida, pelos instintos, anátemas contra o êxtase, o orgástico e a energia. Preferências pelo espírito, a alma, a morte, a ataraxia, a continência, a castidade, a retenção, a renúncia. Elogio do túmulo e da paz dos caixões, apologia da putrefação como ideal. Caridade, esperança e piedade constituem as novas virtudes: virtudes da fraqueza e do instinto decadente, virtudes da deficiência vital cujas raízes mergulham no gosto pela morte.

Nietzsche não tergiversa. Para ele:

> O cristianismo foi, até agora, o grande infortúnio da humanidade. Nós, outros, que temos a *coragem* para a saúde e também para o desprezo, como poderíamos *nós* desprezar uma religião que ensina a desprezar o corpo! Que não quer desfazer-se da superstição da alma! Que faz da nutrição insuficiente um "mérito"! Que vê e combate na saúde uma espécie de inimigo, demônio, tentação! Que se convenceu de que é possível levar uma "alma perfeita" num corpo cadavérico, e para isso teve necessidade de aprontar um novo conceito de "perfeição", um ente pálido, doentio, idiota-entusiasta chamado "santidade" – santidade, apenas uma série de sintomas do corpo empobrecido,

enervado, incuravelmente corrompido! (AC, § 51, grifo da tradução brasileira)

A antipolítica ou sobre a tripla tolice

Além das recuperações racistas, Nietzsche também sofreu pelo seu uso político – pensa-se, evidentemente, em Hitler, mas também em Mussolini, que foi, em seu tempo, tradutor de Schopenhauer e que conhecia muito bem o pensamento alemão... Ora, nada é menos impensável que o uso de Nietzsche para fins de políticas partidárias.[37] Se não existe, em Nietzsche, um projeto explícito de uma sociedade ou um alinhamento sobre esta ou aquela política de seu tempo, é simplesmente porque ele execra o domínio da gestão das coisas nacionais. Seu esforço visa a outros territórios.

Como pensador lúcido, ele sabe o quanto é improvável a eficácia da ação engajada e militante. Muito cedo – e essa é uma frase que se deve sempre ter em mente para compreender o sentido de seus textos ditos políticos –, ele escreve: "Toda filosofia que acredita removido ou até mesmo solucionado, através de um acontecimento político, o problema da existência é uma filosofia de brinquedo e uma pseudofilosofia. [...] Como poderia uma inovação política bastar para fazer dos homens, de uma vez por todas, habitantes satisfeitos da Terra?" (CINT, III, § 4).

Nietzsche sabe que, nesse domínio no qual as pessoas se batem para decidir o paralelepípedo das ruas ou a iluminação pública, só se podem encontrar personagens jocosos. Anódinos e preocupados com coisas inúteis, os homens

---

[37] No original, "politique politiciennes", expressão com a qual os franceses se referem a uma política que privilegia manobras de um determinado partido e as ambições políticas pessoais, em detrimento do interesse público. (N.T.)

políticos encarnam as figuras acessórias transformadas em importantes. Ninguém é mais convencido da seriedade de suas tarefas do que o político que, por um decreto assinado de próprio punho, decide o dia da feira. Convencido disso, Nietzsche convida a "se manter limpo frente à necessária sujeira de toda política" (ABM, § 61).

Ainda mais demonstrativo, em *Aurora*, ele escreve:

> Nenhuma situação política e econômica merece que justamente os mais talentosos espíritos se ocupem dela: um tal emprego do espírito é, no fundo, pior do que um estado de indigência. Tal âmbito de trabalho é para cérebros menores, e cérebros que não são menores não deveriam estar a serviço de semelhante oficina: antes a máquina se despedace de novo! (A, § 179)

Como um filósofo cioso das coisas da inteligência, do saber e da cultura, Nietzsche se insurge contra o desperdício de competências exigido pela política:

> Tornar a sociedade a prova de ladrões e de incêndio e infinitamente cômoda para qualquer trato e troca, e transformar o Estado numa espécie de providência, no bom e no mau sentido – estes são os objetivos baixos, moderados e nada imprescindíveis, que não se deveria buscar com os mais altos meios e instrumentos *que existem* – os meios que se deveria *guardar* para os mais altos e raros fins! (A, § 179, grifo da tradução brasileira)

★ ★ ★

Ainda que decidido a tomar distância dessas questões, Nietzsche não deixa de ser, por isso, autor das imprecações mais violentas e mais lúcidas contra o que funda a tríplice aliança e o tríplice entendimento – tripla estupidez, ao mesmo tempo – de todos os regimes políticos, seja lá de que matiz ideológico: Trabalho, Família, Pátria. Uma leitura de Lênin e de Pétain, de Jaurès e de Barrès, de Marx e de

Maurras, confirma essa ideia: diante desses três princípios, o sacrifício da política pessoal é integral. Cada um com suas formas e com suas razões, cada um segundo seus dogmas e suas palavras de ordem, mas o consenso permanece. Pior, os menos entusiastas, quando alcançam o poder, se tornam os adoradores dessas divindades estúpidas. Que nome se poderia mobilizar como contraexemplo? Nenhum.

Sobre esse ponto, Nietzsche está longe de todos os revolucionários de gala, todos os adversários obcecados pelo poder. Já que sua proposta não é o trono – nem a púrpura –; o filósofo pode muito bem falar como só um homem livre pode se permitir: o Trabalho é um constrangimento; a Família, uma forma de conjurar a solidão e a penúria sexual; a Pátria, uma retórica de incultos belicosos.

Em um aforismo muito preciso e inteligente, Nietzsche empreende uma genealogia do trabalho e conclui pela sua utilidade policialesca a serviço dos homens do poder:

> O trabalho é a melhor polícia, que ele detém as rédeas de cada um e sabe impedir o desenvolvimento da razão, dos anseios, do gosto pela independência. Pois ele despende muita energia nervosa, subtraindo-a à reflexão, à ruminação, aos sonhos, às preocupações, ao amor e ao ódio; ele coloca diante da vista um pequeno objetivo e garante satisfações regulares e fáceis. Assim, terá mais segurança uma sociedade em que se trabalha duramente (A, § 173).

Por necessidade de análise, Nietzsche retorna à sua preocupação filológica: a etimologia indica de fato um parentesco entre a palavra trabalho e o termo latino *tripalium*, instrumento de tortura. Ao mesmo tempo em que ele faz emergir, das entranhas do termo, seu sentido primitivo, ele inaugura um método – caro à Remy de Gourmont, que o desenvolverá – de investigação do tipo *dissociação de ideias*. O lugar comum quer que se associe o trabalho à virtude, o labor à grandeza – ou pior, o trabalho à metafísica: "O trabalho liberta". Nietzsche vê, ao contrário, no trabalho, a realidade dura e brutal da alienação e da retenção das forças vitais.

A ideia nietzschiana é potente porque instila uma carga monstruosa de dinamite nos interstícios dos principais pedaços da civilização. O trabalho percebido como um sofrimento, como uma instância de guarda e de adestramento, leva a uma leitura resolutamente contraditória entre o indivíduo e a sociedade. Nietzsche não poupa os burgueses do seu tempo, nem os capitalistas de sua época, já que ele continua sua análise de maneira mais concreta, convidando a ver na "dignidade do trabalho [...] uma horripilante destruição" (NT, § 18), não hesitando em escrever que "a máquina mói os ossos dos operários" (CINT, II), e ainda precisando: "As palavras fábrica, mercado de trabalho, oferta e demanda, produtividade, revelam o jargão dos escravagistas e empregadores" (CINT, II).

Em uma página específica, Nietzsche diz tudo que o separa do socialismo – sem mencionar esse nome. Ele se opõe ao fato de que os operários possam vir a ser uma classe preponderante: na Europa, eles continuariam a trabalhar da mesma maneira, mas alcançariam o poder de forma indireta pelos seus representantes. Nietzsche não acredita que se alcance a liberdade por representantes, mas ao contrário, quando se está decidido a ser – a expressão é do filósofo – "a classe impossível" (A, § 206).

> [...] eu não saberia dizer coisa melhor aos trabalhadores da escravidão fabril; supondo que não sintam como vergonhoso ser de tal forma usados, é o que sucede, como parafusos de uma máquina e, digamos, tapaburacos da inventividade humana. Ora, acreditar que um pagamento mais alto pode remover o essencial de sua miséria, isto é, sua servidão impessoal! Ora, convencer-se de que um aumento dessa impessoalidade,

no interior do funcionamento maquinal de uma nova sociedade, pode tornar uma virtude a vergonha da escravidão! Ora, ter um preço pelo qual não se é mais pessoa, mas engrenagem! Serão vocês cúmplices da atual loucura das nações, que querem sobretudo produzir o máximo possível e tornar-se o mais ricas possível? (A, § 206).

Nietzsche denuncia a mistificação do socialismo, que propõe soluções para amanhã que não chegam nunca e permitem – ajudantes eficazes do poder – fazer a situação durar, instalar o *status quo*. Ele convida a fugir o máximo possível de tudo que entrava a liberdade, a autonomia e a independência. Ele propõe a fuga, a imigração, não importa o quê, antes de ceder à pressão do trabalho, das máquinas e do imperativo da rentabilidade.

Em seguida, conclui: "Os trabalhadores da Europa deveriam declarar-se uma impossibilidade humana *como classe*" (A, § 206, grifo da tradução brasileira). Escapem, desertem, resistam e expressem sua recusa a uma alternativa entre a escravidão a um Estado ou a um Partido revolucionário. Sejam para além da direita e da esquerda, vocês mesmos. É a isso que Nietzsche exorta. Em outro lugar, ele deplora a velocidade dos tempos modernos, o sacrifício ao deus da rentabilidade e da eficiência. Ele sonha com os tempos abençoados nos quais o *otium*, o lazer e a falta de obrigação eram as obras de arte do cotidiano, as lógicas integradas em toda uma arte de viver hoje desaparecida (GC, IV e I).

Poder-se-ia imaginar Marx assinando tais páginas? Ele, cuja visão era indissociável do culto ao trabalhador solidário à sua máquina, enfim proprietário – por intermédio do Partido – da fundição ou da mina na qual ele continua, no entanto, a maltratar seu corpo, sua saúde e seu tempo. Pensar o trabalho como uma das modalidades de alienação não é a preocupação do socialismo, que prefere se ocupar da espoliação do ter e não do massacre do ser.

Com Marx, o homem se torna, de forma homeopática, proprietário de suas ferramentas, e continuará a morrer, dia após dia, fazendo-se servente dócil dos novos deuses da era industrial...

A medida com a qual Nietzsche calcula a liberdade é o tempo durante o qual cada um dispõe de um livre uso de si mesmo. Assim, "todos os homens se dividem, em todos os tempos e também hoje, em escravos e livres; pois aquele que não tem dois terços do dia para si é escravo, não importa o que seja: estadista, comerciante, funcionário ou erudito" (HDH, § 283). É onde reencontramos Diógenes e sua lanterna, livre, rindo de Krupp e de suas fábricas.

* * *

No espírito de Nietzsche, a família, tanto quanto o Trabalho, não é uma virtude. Cristalização gregária e instrumento dos impotentes incapazes de assumir a solidão e a independência, a Família é fundada pelo Casamento e continuada pela Procriação. Nietzsche descreve o casamento como uma forma útil, mas desprezível, de conjurar todas as angústias enraizadas na falta e na penúria: ele não se apoia no amor – contrariamente ao que se diz no senso comum – mas (novo exemplo de dissociação de ideias)

> [...] é fundado no instinto sexual, no instinto de posse (mulher e filho como posse), no *instinto de dominação,* que incessantemente organiza para si a menor formação de domínio, a família, que *necessita* de filhos e herdeiros, para segurar também fisiologicamente a medida que alcançou de poder, influência e riqueza, para preparar longas tarefas [...]. O casamento moderno *perdeu* seu sentido – portanto, está sendo abolido (CI, Incursões de um extemporâneo, § 39, grifo da tradução brasileira).

Para substituir essa antiga instituição, Nietzsche era mais partidário da promoção de experiências singulares como as de Max Stirner: associações de egoístas, pequenas comunidades contratuais sem obrigações estabelecidas e limitadas aos consentimentos individuais. "[No período da crise, marcado entre outros pela insignificância do casamento],[38] o melhor que fazemos, nesse interregno, é ser o máximo possível nossos próprios *reges* (reis) e fundar pequenos *Estados experimentais*. Nós somos experimentos: sejamo-lo de bom grado!" (A, livro V, § 453). Toda sua vida, aliás, Nietzsche procurará parceiros para uma experiência desse tipo. Ninguém aceitará. Os homens e as mulheres selecionadas – entre os seus mais próximos amigos – preferiram se sacrificar "ao preconceito monogâmico" (GC, livro V, § 363).

Opositor do casamento, Nietzsche é ainda mais circunspecto quanto à procriação. Paternidade e maternidade exigem muito para que se faça uma criança levianamente. A não ser que se tenha certeza de encontrar nisso um argumento para tender ao super-humano, os genitores não têm muito por que se sacrificar ao rito pré-histórico. A um interlocutor imaginário, Zaratustra pergunta: "és alguém que pode desejar um filho? És o vitorioso, o soberano dos sentidos, o senhor de tuas virtudes? Assim te pergunto eu. Ou em teu desejo fala o animal e a necessidade? Ou o isolamento? Ou a discórdia contigo?" (AFZ, I, Dos filhos e do matrimônio). Eis os termos alternativos: refletir e não ter filhos ou não pensar e pagar seu tributo ao instinto e à espécie.

★ ★ ★

Enfim, a Pátria não é o menor dos alvos do filósofo, que vive em uma Prússia obcecada pela unidade e pela grandeza nacional, pelas conquistas e pela supremacia. Nada é mais estranho ao espírito de Nietzsche que os desejos

---

[38] O trecho entre colchetes não consta na tradução brasileira. (N.T.)

gregários, coletivos e nacionais. Ele conheceu o fogo durante a guerra de 1870 sob o uniforme de enfermeiro. De volta a seu país, ele assiste a triunfos que o horripilam. Na sua primeira *Consideração intempestiva,* ele escreve sobre todo seu ódio pela alegria belicosa. Ainda que vitoriosa no conflito, Nietzsche transforma a Prússia em grande perdedora: de fato, ela chafurda na facilidade, no burburinho e no furor, ela acredita nas virtudes militares e no papel de provação divina[39] das armas, a sua lógica é a mesma dos filisteus e dos bárbaros. Em contrapartida, a França é o país da inteligência e da cultura – únicos lugares da vitória.

A francofilia nietzschiana não é um segredo. Ele sempre preferirá Bizet a Wagner, Maupassant a Schiller, Helvétius a Hegel. Ele ama a leveza e o sol, e deplora as brumas do norte e o peso germânico. Cedo, ele se torna apátrida, viajando por numerosos países da Europa – Itália, França, Suíça, Áustria, Alemanha –, desejando a Tunísia ou o Peru – mudar de continente –, assim como o Japão. Homem de todos os países e de nenhum, Nietzsche conhece a potência do sem-pátria, sua abertura e sua cultura. Ele conhece, igualmente, o fechamento e a pequenez dos nacionais, seu racismo e sua xenofobia.

Sua condenação ao Nacionalismo e ao Patriotismo é sem rodeios: "[Não deve surpreender, quando no espírito de] um povo que sofre, que *quer* sofrer de febre nervosa nacionalista e ambição política, passam nuvens e perturbações várias, pequenos acessos de imbecilização" (ABM, § 251, grifo da tradução brasileira). A solidão, a errância, oferecem as únicas soluções: a grande e salutar migração. "Não se

---

[39] No original, *ordalique*, termo que define um comportamento de alto risco, mas que também se liga ao léxico de Nietzsche por um caminho difícil de restituir na tradução: *Ordalisme* evoca o personagem de Dionísio e seu culto orgiástico, seu desejo de viver no limite, intensamente, sem concessões. (N.T.)

prender a uma pessoa: seja ela a mais querida – toda pessoa é a uma prisão, e também um canto. Não se prender a uma pátria: seja ela a mais sofredora e necessitada" (ABM, § 41). Quanto mais as políticas são estreitas e nacionais, mais a mediocridade está presente. É preciso combater a "doença e a desrazão mais *contrária à cultura,* o nacionalismo, essa *névrose nationale* da qual adoece a Europa, essa perpetuação dos pequeninos estados da Europa, da *pequenina* política" (EH, O caso Wagner, § 2, grifo da tradução brasileira).

A solução não está na aprovação dessas forças de submissão, mas na vontade de abertura. A figura de proa dessa evasão é o apátrida, argumento vivo contra o "ódio racial" e a "infecção nacionalista" que fraturam as civilizações e as culturas. Nietzsche expressa sua intempestividade: "Para isto (o nacionalismo, o patriotismo) somos demasiado diretos, maliciosos, mimados, também demasiado instruídos, 'viajados': bem preferimos viver nas montanhas, à parte, 'extemporaneamente', em séculos passados ou vindouros" (GC, livro V, § 377).

Deliberada e definitivamente impróprio para servir a qualquer causa política que seja, Nietzsche é o crítico das ideias falsas e fixas das nossas civilizações perdidas. Ao permanecer a consciência clara e lúcida que toma, às vezes – e também –, por objeto as coisas da política, o filósofo encarna a grandeza da tarefa cínica. É também nessa ordem de ideias que, em certa página autobiográfica, Nietzsche se apresenta como "o último alemão *antipolítico*" (EH, Por que sou tão sábio, § 3, grifo da tradução brasileira).

Anatomia do socialismo

Decidido a nada poupar da sua época e dos ídolos da modernidade, Nietzsche ataca, igualmente, o socialismo. O nome de Marx está ausente em toda sua obra. Mas ele bem sabe que alguns personagens apaixonados pelas ideias de 1789 ilustram o socialismo e sua posição de destaque no século da Revolução Industrial. Em 1880, preocupado em se informar, Nietzsche pede um catálogo a uma livraria socialista de Zurique. Assim, ele recebe uma lista de textos recém-publicados sobre a Primeira e a Segunda Internacional. Imediatamente, Nietzsche percebe o socialismo como uma nova forma de ideal ascético. Parente do cristianismo, a ideologia igualitária é associada às velhas caras da renúncia, do ressentimento e da má consciência. Uma boa parte das análises úteis para compreender a moral explica o fenômeno socialista. Pode-se mesmo acrescentar que não é por acaso que a rápida descrença no cristianismo se acompanha da crença no socialismo: os mesmos afetos, a mesma lógica, a mesma retórica anima os dois.

Comunidade de objetivos: a resolução de conflitos e de contradições em uma espantosa beatitude; comunidade de pressupostos: o mundo é mau, doente, é preciso cuidar dele, e isso é possível porque a salvação é pensável; comunidade de essência: uma imensa vontade de ressentimento contra a vida e a potência – o cristianismo e o socialismo são irmãos de sangue. Todos os dois participam das mesmas forças de declínio e anemia. De fato, "são os juízos de valor *cristãos*, que toda revolução apenas traduz em sangue e crime!" (AC, § 43, grifo da tradução brasileira): piedade, compaixão, simpatia e amor ao próximo.

O século XX dá razão a Nietzsche e prova a extensão de sua lucidez: as duas lógicas do ressentimento terão seus textos sagrados, seus papas, seus deuses e seus messias, suas ortodoxias e seus Concílios, suas Inquisições e seus Estados, seus Padres e seus Pais fundadores, seus comentadores autorizados e seus excomungados. E se poderia ainda desfiar a metáfora até fazer coincidir estranhamente cristianismo e socialismo em um mesmo futuro: a perversão dos princípios generosos, mas utópicos, gerando um pragmatismo cínico, abastecedor de cemitérios.

A Reforma e a Revolução francesa ilustram os dois sobressaltos da ideologia do ressentimento em declínio. Em épocas próximas, Lutero e Calvino, Robespierre e Danton, recolocaram força e potência em uma idiossincrasia em decadência – a do amor ao próximo, da fraternidade, da compaixão pelos despossuídos e excluídos. 1789 é um argumento da reação religiosa: o que permite a Nietzsche escrever que "a Judeia conquistou com a Revolução Francesa mais uma vitória sobre o ideal clássico" (GM, I, § 16).

Com a decapitação de Luís XVI, a insurreição dos camponeses e a vontade de associar a verdade política e a plebe, dá-se o triunfo das forças do niilismo e do ressentimento. "Foi apenas a Revolução Francesa que pôs o cetro, de maneira total e solene, nas mãos do 'homem bom' (da ovelha, do asno, do ganso e todos os irremediavelmente rasos, ruidosos e maduros para o hospício das 'ideias modernas')" (GC, § 350). Uma vez mais a mediocridade quantitativa toma vantagem sobre a excelência qualitativa. O instinto gregário vence o combate contra a singularidade aristocrática. A moral dos escravos vence de novo contra a dos fortes. A potência do número, a era das multidões e a época das massas sufocam por alguns séculos as energias sutis cujo erro é serem isoladas e minoritárias.

Com os homens de 1789, o progresso encontra seus apóstolos e crentes. Estúpida ideia em nome da qual as energias são gratuitamente consumidas. A história não tem sentido – ela é insensata –, a humanidade não tem finalidade, não há projeto, nem teleologia. Nenhum otimismo é possível, esta é a evidência. E, no entanto, os espíritos históricos, ainda que errados, marcam um ponto a mais. Para esses homens iludidos, existe uma matemática do real com a qual é possível construir o futuro. Condorcet foi um desses amantes da álgebra social. Ele faz parte desses pensadores que Nietzsche descreve assim:

O olhar para o passado os impele para o futuro, acende a sua coragem para manter-se por mais tempo em vida, inflama a esperança de que a justiça ainda está por vir, de que a felicidade está sentada por detrás da montanha para a qual estão se dirigindo. Estes homens históricos acreditam que o sentido da existência se iluminará no decorrer de um *processo*. Assim, apenas por isto, eles só olham para trás a fim de, em meio à consideração do processo até aqui, compreender o presente e aprender a desejar o futuro impetuosamente (CINT II, § 1, itálico da tradução brasileira).

A esses espíritos, entusiastas da esperança e do otimismo, Nietzsche opõe os defensores da sabedoria trágica, esses homens que sabem que "o passado e o presente são um e o mesmo, isto é, em toda a multiplicidade tipicamente iguais: enquanto onipresença de tipos imperecíveis, dá-se inerte a composição de um valor igualmente imperecível e eternamente igual em sua significação" (CINT II, § 1). Prolegômenos das visões de Sils e do nascimento do Eterno Retorno. Nietzsche é mesmo o filho de Heráclito...

★ ★ ★

Negador das ideias de progresso e de toda teleologia, analista das imposturas contidas nas palavras de ordem da Revolução Francesa, Nietzsche se volta para a genealogia do sentimento socialista. Para mostrar melhor o parentesco, ele justapõe as razões cristãs e as razões socialistas de perseverar em suas lógicas de compaixão. O ressentimento anima tanto Robespierre quanto Jesus.

Esses dois seres, aparentemente destinados a combates diferentes, dispõem de uma essência semelhante: os dois participam de uma mesma vontade de atacar as forças positivas da vida, a energia e a vontade de potência para promover melhor o ideal ascético. "Estes são todos homens do ressentimento, estes fisiologicamente desgraçados e carcomidos, todo um mundo fremente de subterrânea vingança, inesgotável, insaciável em irrupções contra os felizes, e também em mascaramentos de vingança, em pretextos para a vingança" (GM, III, § 14).

Com eles, a saúde se torna doença; o vigor e a vitalidade, taras pelas quais é preciso pedir desculpas. A potência é um incômodo. Portanto, é preciso reconhecer seus erros, despir-se de suas virtudes, transfigurá-las em defeitos. Prefere-se a piedade à energia, a compaixão à força. A simpatia ou o amor ao próximo – agora batizada de fraternidade – à aristocracia existencial. Essas novas virtudes substituem a potência. Os medíocres e os fracos, os excluídos e os marginais tornam-se, mais uma vez, os autores das normas. Escutam-se suas queixas,[40] amplificam-se suas invejas, faz-se eco às suas reivindicações. Seus desejos idiossincráticos tornam-se realidade política.

Em todo lamento, encontra-se sempre uma sutil dose de vingança: "Censuramos nosso estado ruim, às vezes até nossa ruindade, àqueles que estão em outra condição, como sendo uma injustiça, um privilégio *ilícito*. [...] Com esta lógica se faz revolução. – Em caso nenhuma queixa vale algo: ela se origina da fraqueza" (CI, § 34, grifo da tradução brasileira). Incapazes de assumir sua própria impotência, os deserdados mostram-se mesquinhos e amargos; eles concentram seus descontentamentos sobre os outros, aos quais sobrecarregam com todas as suas recriminações. Os ricos, os burgueses, os reacionários, os capitalistas tornam-se motivo de múltiplos ressentimentos.

De fato,

---

[40] No original, *doléance*, termo usado para designar, no Antigo Regime francês, as demandas apresentadas ao rei, no curso dos estados gerais, para reivindicar a reparação de alguma queixa, a diminuição ou a supressão de algum imposto. Referência a *Os cadernos de queixas de 1789*. (N.T.)

> [...] quando o cristão condena, denigre e enlameia o mundo, ele o faz pelo mesmo instinto a partir do qual o trabalhador socialista condena, denigre e enlameia a *sociedade*. Mesmo o Juízo Final é ainda o doce consolo da vingança – a revolução que o trabalhador socialista também aguarda, apenas imaginada para mais adiante... E o próprio além – para que um além, se não fosse um meio de denegrir o aquém? (CI, § 34, grifo da tradução brasileira)

Eterno retorno das coisas, o que se passou com o cristianismo se passará com o socialismo. O futuro de um informa sobre o futuro do outro. Armado dessa lição, Nietzsche desenha o retrato do socialismo por vir e dá, a menos de um século de distância, uma imagem de perspicácia surpreendente. Exatamente como o filósofo escreveu em sua terceira *Consideração intempestiva:* "Que se lembre o que é o advento do cristianismo sob a tutela egoísta do Estado" (CINT, III).

Basta ler o próximo aforismo de Nietzsche para ter a resposta:

> O socialismo é o visionário irmão mais novo do quase extinto despotismo, do qual quer ser herdeiro; seus esforços, portanto, são reacionários no sentido mais profundo. Pois ele deseja uma plenitude de poder estatal como até hoje somente o despotismo teve, e até mesmo supera o que houve no passado, por aspirar ao aniquilamento formal do indivíduo: o qual ele vê como um luxo injustificado da natureza, que deve aprimorar e transformar num pertinente *órgão da comunidade* (HDH, § 473, grifo da tradução brasileira).

Ele continua demonstrando que, tendo desprezado os tribunais religiosos, o socialismo deverá se estabelecer pelo terror, sob pena de perecer. "Por isso ele [...] empurra a palavra 'justiça' como um prego na cabeça das massas semicultas" (HDH, § 473). Terrível lucidez!

Segunda parte
A grande saúde

Cinco figuras para as auroras que ele não tem

Retrato do super-homem

Terrível super-homem! Ele valeu a Nietzsche numerosos mal-entendidos ao longo do século XX. Em uma era de sangue e violências, de guerras e de campos de concentração, de projetos de extermínio e de genocídios, o super-homem é frequentemente percebido como a figura emblemática do horror: do torturador ao oficial nazista, do terrorista ao cínico perverso que carrega em seu paroxismo a crueldade e a destruição. No entanto, nada se parece menos com a podridão e o sangue que o super-homem nietzschiano. Se ele é cruel, é unicamente sobre o terreno filosófico, já que ele não faz concessões ao olhar do real.

O super-homem é a conjunção da nova ética e de toda possibilidade de modernidade. Deus está morto, e, com ele, todas as mitologias de mundo transcendental – liberdade, verdade, sentido e teleologia. Zaratustra – a personificação do super-humano – é o retrato de uma possibilidade, o traço de uma abertura e de uma modernidade autêntica. Para compreender sua natureza complexa, porque sutil, tracemos os direitos que, em seus pontos de corte, fazem emergir o eixo do pensamento nietzschiano. Esses direitos são o Amor Fati, o Esquecimento e o Instante. Longe das considerações mesquinhas que instalaram o super-homem nas cavernas políticas e sociológicas.

O super-homem não tem nada a ver com a biologia ou a ciência da guerra, nem com o heroísmo ou com a santidade: ele não é produto sonhado e resultado do jogo das lógicas darwinianas ou das retóricas genéticas de uma seleção de raças e de individualidades superiores! Nada é mais estranho ao espírito de Nietzsche que subordinar seu super-homem aos achados de um homem da ciência. Muito pouco crente para praticar esse gênero de enfeudamento, Nietzsche instala a figura do Zaratustra sobre o terreno da filosofia, entendido como vontade de uma sabedoria, de uma disciplina e de uma ascese imanente.

Para compreender o super-homem de fora, precisemos que ele é o contrário, é a contradição do homem do ressentimento. O super-homem é o grande afirmador, lá onde o segundo é o perpétuo negador. O primeiro é concentração de forças positivas, da energia e dos consentimentos; o outro, o cruzamento no qual se misturam as lamas mais podres: ideal ascético, renúncia e descrédito da vida. O super-homem ama a existência, ele é o argumento para a vontade de potência e as tensões que a habitam. O homem do ressentimento detesta a vida, tem medo dela, tem aversão ao corpo e às energias que o percorrem. A alegria, a superioridade e a felicidade estão ao lado do primeiro, enquanto o segundo sobe ao pódio do real e do abandono cego das forças da decadência. Zaratustra e Dionísio contra Buda e o Crucificado. O vinho e a embriaguez contra o vinagre e o fel. Saúde ou doença.

Na hierarquia do real, o super-homem ocupa o lugar superior. Na escala de forças, a base é mineral, vegetal e animal. Os macacos habitam os mesmos lugares que os homens do ideal ascético. Imersos na inocência, eles são os contentores do corpo e da vida por imitação. Sua lógica é justamente o desejo de parecer com os outros, de ser os outros, como os outros. Sua motivação? A semelhança e o conformismo. Sua lei? O instinto gregário. Homens de pouco, figuras da unidimensionalidade, eles se satisfazem com uma existência de heliotrópio[41] – fascinação pelo comum e pela reprodução.

Acima dessa turba se encontram os degraus mais elaborados da hierarquia: os criadores, os decididos, aqueles que marcam o mundo com traços e rastros, as figuras que imprimem cicatrizes ao real, tanto quanto indicadores de progresso. A obra é sua fonte. Entre eles, encontram-se os conquistadores ou os fundadores dos Impérios, as grandes individualidades da Renascença, os monstros da literatura ou da composição musical, os doadores de formas aos mármores ou à história, aos sons ou aos Estados. Esses homens são as premissas do super-homem; eles permitem pressentir o que poderia ser um Zaratustra encarnado.

Os indivíduos travados pelo ideal ascético permanecem nos degraus inferiores da hierarquia. Mas imaginemo-los libertados das fascinações e do transcendental, consentindo à vida e afirmando sua força, pensêmo-los fervendo de afirmação e da grande saúde: agora nós dispomos de um esboço do super-humano. Cristóvão Colombo e Michelangelo, Beethoven e Napoleão.

Nietzsche extingue as ficções da tradição ocidental: depois dele, sabe-se que o homem é solitário, sem Deus, submetido ao destino, sem liberdade, composto unicamente de forças e energia, que ele é um turbilhão em um universo

---

[41] Denominação botânica para plantas que giram em torno do Sol, como o girassol, por exemplo. Para melhor compreensão do uso do termo, é importante lembrar as críticas de Nietzsche a Platão, que, para ele, seria um filósofo heliocêntrico, cujo pensamento gira em torno do Sol como metáfora da verdade. A este respeito, remeto a Bernard Pautrat e suas observações de que sistema solar ordena todo o pensamento do nascimento e do declínio (PAUTRAT, Bernard. *Versions du soleil – figures et système de Nietzsche*. Paris: Éditions du Seuil, 1971). (N.T.)

insensato e para além dos dualismos. O monismo nietzschiano convida a um ultrapassamento dessa velha figura tornada caduca por seu trabalho com o martelo.

O fim dessa retórica usada para as multidões e pela tradição é ensinado por Zaratustra, que desce de sua montanha para isso:

> Todos os seres, até agora, criaram algo acima de si próprios: e vós quereis ser a vazante dessa grande maré, e antes retroceder ao animal do que superar o homem? Que é o macaco para o homem? Uma risada, ou dolorosa vergonha. Exatamente isso deve o homem ser para o super-homem: uma risada, ou dolorosa vergonha. Fizeste o caminho do verme ao homem, e muito, em vós, ainda é verme (AFZ, Prólogo, § 3).

O super-homem dispõe do sentido da terra, ele é fiel às coisas próximas. Com Nietzsche, Deus está morto e enterrado – Deus e todas as figuras sociológicas, políticas ou metafísicas. Consequentemente, trata-se de atear fogo aos velhos nichos.

A alienação èstá morta: seu princípio era a ruptura entre duas partes de si. A visão de mundo de Nietzsche interdita esta fratura mantida por todos os dualismos. Fim do corpo oposto à alma, fim de um mundo terrestre separado de um mundo celeste: apresentados como opostos, os dois momentos são os mesmos. Fim da automutilação pela qual cada homem hipostasiava e depois idealizava um fragmento de si para criar um Deus diante do qual se prostrar. O advento do super-homem assinala a reconciliação do homem consigo mesmo. Único e autêntico humanismo: este super-humanismo que faz da vida a única verdade de si.

"Uma vez, escreve Nietzsche, a ofensa a Deus era a maior das ofensas, mas Deus morreu, e com isso morreram também os ofensores. Ofender a terra é agora o que há de mais terrível" (AFZ, Prólogo, § 3). Nietzsche é um crítico dos críticos. O super-homem é a expressão de um reencontro para além da ancestral esquizofrenia. Enfim, a filosofia se ocupa das coisas próximas, verdadeiras, reais. Zaratustra é o dançarino vindo das montanhas, ele afronta o espírito lento e as vaticinações pesadas. A alegria está posta.

Foco da modernidade, porque opositor aos mais de vinte séculos de pensamento repetitivo, Zaratustra é constituído de qualidades superiores. Entre os traços que contribuem para seu perfil, há um que marca definitivamente a distância do homem do ressentimento. O super-homem tem na mais alta conta a faculdade de esquecer. Soberano da memória, o super-homem faz seu luto de toda lembrança que entrava a ação e o consentimento. O esquecimento é a condição de possibilidade de toda renovação: ele autoriza a superação do que encobre o progresso das autênticas virtudes.

Com o esquecimento, o super-homem trabalha em uma virgindade necessária, ele ultrapassa as ilusões e convida à maior das disponibilidades:

> Fechar temporariamente as portas e janelas da consciência; permanecer imperturbado pelo barulho e a luta do nosso submundo de órgãos serviçais a cooperar e divergir; um pouco de sossego, um pouco de *tabula rasa* da consciência, para que novamente haja lugar para o novo, sobretudo para as funções e os funcionários mais nobres, para o reger, prever, predeterminar [...] eis a utilidade do esquecimento, ativo, como disse, espécie de guardião da porta, de zelador da ordem psíquica, da paz, da etiqueta (GM, II, § 1).

Com uma arma tão temível, o super-homem pode consagrar sua obsessão: o instante. Nem o homem do passado – o ressentimento e o desejo de reação o devoraria – nem o homem do futuro – ele seria tomado pelas virtudes otimistas e teleológicas pelas quais se sacrificam os fracos –, o super-homem vive no mais puro imediato.

Ele repugna tanto a expectativa pelo futuro quanto a repetição. Habitualmente, aqueles que evoluem na esperança ou no arrependimento fazem de suas vidas um vasto campo de utopia ou um calvário; eles esquecem o essencial, a saber, que não existe nada além da sucessão de instantes brutos e triunfantes.

O tempo nietzschiano é, no entanto, o dos trágicos – reminiscência de Heráclito ou de Schopenhauer. E isso nos leva à segunda linha de força traçada por Nietzsche. O esquecimento é posto em paralelo à intuição do Eterno Retorno. A ideia é antiga. Uma genealogia não se faz necessária. Ponto em comum entre todos aqueles que afirmam o caráter cíclico da história. Os físicos tentaram fundamentar cientificamente a natureza repetitiva do mundo, do universo! O problema não está aí.

Nietzsche convoca a intuição e um olhar atento que reconhece na história uma permanência de temas, de teses, e de atores. Se ele está certo de que o real é Eterno Retorno, este está no essencial. O acessório e as formas nas quais este se expressa estão sujeitos a desaparecer. Impregnado de pensamento budista, Schopenhauer já havia dito que o ciclo eterno é imutável. No entanto, ele nunca afirmou a repetição, ponto por ponto, do mundo no qual ele vivia. Sustentar, uma infinidade de vezes, sua tese com Hegel na banca, bater indefinidamente com sua bengala na cabeça de sua vizinha, ordenar regularmente a máscara mortuária de seu cão, ele nunca havia afirmado que era pensável, nem mesmo possível. Em contrapartida, ele afirmou a eternidade e o eterno retorno da inquietude, da violência ou da compaixão, instâncias que movimentam as ações acima citadas. Neste ponto, Nietzsche se mantém fiel a seu mestre. Ponto de eterno retorno do detalhe, mas repetição sem fim da essência desses detalhes: a Vontade de potência.

De um ponto de vista da pura história das ideias, acrescentamos que esse momento da teoria nietzschiana exalta mais a visão e a inspiração, o sentimento e a impressão da verdade psíquica. O filósofo não cessou de se interrogar sobre o conteúdo desta sublime intuição sem chegar a lhe dar uma forma – nem uma formulação definitiva. Vejamos os *Fragmentos póstumos*. O que quer que seja, parece que falha em sustentar a ideia segundo a qual – segundo o seu monismo –, uma única causa, a Vontade de potência, produz os mesmos efeitos.

Sob esta ótica, saber e poder sustentar o olhar da hipótese do eterno retorno é se render à evidência: a terna tirania da Vontade de potência, sua perpétua retórica da produção do real, sua lógica seminal do mundo. Com essa ideia, Nietzsche propõe o fundamento de uma nova ética: diante de cada dilema, no momento de cada hesitação, assim que uma escolha se impõe, escolhamos aquilo que se desejaria ver se repetir sem cessar. O super-homem elege uma vez aquilo que ele gostaria de conhecer sempre. A natureza cíclica do Real implica que se carregue o máximo de querer e de desejar o ato escolhido. Princípio prático da moral: querer, na escolha, a reprodução indefinida.

★ ★ ★

Resumindo: as primeiras qualidades do super-homem são a faculdade de esquecer e aquela de assumir a lei do eterno retorno. Continuando: uma terceira qualidade corrobora e completa estas duas. O super-homem sabe tomar em mais alta conta aquilo que reaparece. Teoria nietzschiana de primeira importância: a do Amor Fati, entendido como a lógica de um superestoicismo, de uma vontade superior de ataraxia.

Contra os pensamentos de negação e de ressentimento, contra as versões do ideal ascético, a filosofia nietzschiana milita pela aceitação e pelo consentimento alegre do mundo. Nietzsche funda assim sua gaia ciência, seu eudaimonismo, seu pensamento da felicidade, da alegria ou da beatitude. Esse ideal – o da grande saúde – ele descreve como "o ideal do homem mais exuberante, mais vivo e mais afirmador do mundo, que não só aprendeu a se resignar e suportar tudo que existiu e é, mais deseja tê-lo novamente, tal como existiu e é, por toda a eternidade, gritando incessantemente 'da capo' [do início], não apenas para si mesmo, mas para a peça e o espetáculo inteiro, e não apenas para um espetáculo, mas no fundo para aquele que necessita justamente desse espetáculo" (ABM, § 56).

O Amor Fati é portanto o princípio último do consentimento da afirmação, da vontade do retorno do sensato e do insensato, do acaso e da necessidade, dos fluxos impróprios e das guerras, da paz e do sofrimento, da dor e dos paradoxos. Neste ponto de injunção, aparece uma figura de potência singular: "Um tal espírito, que assim *se tornou livre,* acha-se com alegre e confiante fatalismo no meio do universo, na *fé* de que apenas o que está isolado é censurável, de que tudo se redime e se afirma no todo – *ele já não nega...* Mas uma tal crença é a maior de todas as crenças possíveis: eu a batizei com o nome de *Dionísio"* (CI, IX, § 49, grifo da tradução brasileira).

Em outro lugar – George Bataille se lembrará –, Nietzsche descreve a vida posta sob o signo de Dionísio: uma existência zaratustriana. Esquecido e lucidamente concordando com novas evidências, o super-homem suprime toda a possibilidade de pessimismo. Ele quer pertencer ao extremo oposto: a afirmação dionisíaca do universo tal qual ele é, sem possibilidade de subtração, de exceção ou de escolha; ele quer o ciclo eterno: as mesmas coisas, a mesma lógica ou o mesmo padrão ilógico.

> Estado supremo ao qual um filósofo pode alcançar: uma atitude dionisíaca diante da existência; minha fórmula para isso é o amor *fati*. Isso implica que os aspectos até agora negados à existência sejam concebidos não apenas

como necessários, mas como desejáveis; e desejáveis não apenas em relação ao aspectos até aqui afirmados (de que eles são o complemento ou a condição), mas por eles mesmos, porque esses são os aspectos mais potentes, mais fecundos, os mais verdadeiros da existência, aqueles nos quais melhor se expressa sua vontade (VP, II, Introdução, § 14, grifo da tradução brasileira).

Com tais desenvolvimentos, pode-se compreender o significado do convite nietzschiano a tornar-se aquilo que se é. Tornar-se aquilo que se é, querer o desejo que nos quer, compreender que só existe a liberdade na necessidade, que só há escolha possível na aceitação da evidência. Consentir ao imperioso é fazer da necessidade uma virtude e se experimentar liberado. Toda rebelião é insensata, toda revolta, impotente. O único sim possível é o que diz respeito à Vontade de potência.

O super-homem não é, portanto, esse louco furioso que destrói e semeia fogo e batalhas atrás de si. Ele não é um fermentador da morte, nem o anjo da decomposição. Ao contrário. Todos aqueles que até agora reivindicaram esse lugar não passaram de caricaturas, de imitações deploráveis e perigosas. Nada em tudo isso apresenta uma ameaça para a civilização e para o homem comum. Ao contrário, o percurso do super-homem é marcado por montanhas e solidões, longe dos rumores da cidade e das paixões gregárias.

Zaratustra é, portanto, o filósofo da ascese dura e cruel, de uma dureza e de uma crueldade que tem por objeto nada menos que ele mesmo. O super-homem é muito sutil para alguém que usa capacete e botas sem reclamar. Figura de quietude e de grande domínio, o super-homem é o ser que sabe que sua vontade só é livre para aceitar o determinismo que a caracteriza: desde que um homem compreenda esta retórica trágica, ele aproveita o sentido do super-homem. O sentido de Zaratustra reside nesta sabedoria desesperada: querer o que a vontade quer. A última palavra da sabedoria trágica.

Sobre a boa crueldade

Nietzsche não gosta de conceitos, nem das definições. Nada lhe é mais estranho que circunscrever uma noção, que conceder acepções ou que precisar o sentido. É, ao mesmo tempo, isso que faz o charme de um texto como *Assim falou Zaratustra*, mas é, ao mesmo tempo, a causa de numerosos mal-entendidos e de más interpretações. Uma leitura rápida, pouco ciosa da coerência em relação à obra completa, e pouco familiarizada com o tom nietzschiano, é suscetível a se chocar contra esta ou aquela página na qual estão a "guerra", a "crueldade", a "besta selvagem, bruta e loura". Nietzsche ridicularizava uma apresentação didática e metódica de sua obra. Assim, a leitura das passagens que dizem respeito ao Eterno Retorno ou ao Super-homem se dá tanto por uma maneira lírica quanto poética.

Os opositores do discurso nietzschiano se deixam engolir por tais brechas. E muito cedo. A Primeira Guerra Mundial, depois a Segunda, veem multiplicar as leituras oblíquas de Nietzsche. O filósofo se encontra assim transformado em militarista exagerado, simplesmente porque escreve esta ou aquela frase exaltando os méritos da guerra ou das virtudes militares. Quando o Super-homem constitui a antinomia do soldado como sujeito de um exército.

O Super-homem é a expressão do consentimento alegre do mundo, ele ama a vida e a afirma; para ele, o militar semeia a morte e afirma os valores da decadência. Nietzsche pensa que "o critério da verdade reside na intensificação do sentimento de potência" (VP, t. II, L, 3, § 629). É verdadeiro o que autoriza a expansão e o gasto de energia; é falso tudo o que entrava e convida à falta. Ao contrário, o guerreiro que trabalha em nome de um exército só conhece como razão o fogo e o combate, as armas e a destruição.

Em *Ecce Homo*, o filósofo escreve ainda mais perto da lucidez cruel, ele usa os instrumentos mais incisivos, os pontos mais agudos. Como ele mesmo reconhece, ele usa a dinamite e compara seus textos aos terríveis explosivos convocados a perpetrar o atentado mais revolucionário jamais usado contra mais de vinte séculos de decadência e de moral subserviente. Essas linhas magnificam as apologias da guerra que se encontra em diversos lugares em toda sua obra. Ora, a cada vez, Nietzsche recorre a uma metáfora: "É a guerra, mas a guerra sem pólvora e sem fumaça, sem atitudes guerreiras, sem *pathos* e membros contraídos – tudo isso seria ainda 'idealismo'" (EH, Humano demasiado humano, § 1).

★ ★ ★

O mesmo vale para seus elogios à crueldade. Por precaução, façamos uma distinção entre crueldade reativa e crueldade ativa – uma da debilidade, a outra da saúde. O torturador e o terrorista, o mercenário e o delinquente sustentam a primeira; o Super-homem, a segunda. Uma análise precisa e respeitosa dos textos permite ver – notadamente em *A genealogia da moral* – quanto o ressentimento é objeto de uma perpétua reprovação. Qualquer um que seja seu instrumento se torna um auxiliar do ideal ascético. Na ótica do Super-homem, a crueldade define a virtude da lucidez levada ao seu paroxismo – um gênero de cinismo exacerbado.

A análise nietzschiana caça a crueldade onde quer que ela esteja aninhada. Nenhum lugar é poupado. Ela está tanto "no êxtase do medo" quanto "nas paixões das revoluções sangrentas".[42] Encontramo-la igualmente na metafísica, na religião e na filosofia. Ela existe também na piedade ou na compaixão: "De que espécie é, desde o

---

[42] Sem referência no original. (N.T.)

início, o *prazer* que sente o desinteressado, o abnegado, o que se sacrifica: este prazer vem da crueldade" (GM, § 18, grifo da tradução brasileira). Ou ainda: "O prazer de fazer sofrer, porque isso faz crescer a sensação de potência; tão maior quanto a redução que a precedeu, por exemplo, na vingança. O prazer de fazer o bem repousa sobre um fundamento análogo – e a magnanimidade é uma vingança sublimada, portanto um grande prazer" (VP, I., L, 2, § 411).

O objetivo do ideal ascético, da obsessão de destruir, de adorar – tudo isso sustenta a crueldade. Da mesma maneira, a vontade de saber combina inteiramente com esta raiz sutil – "em todo querer-conhecer já existe uma gota de crueldade" (ABM, § 229). No coração mesmo da lucidez e daquilo que quer a vida, a crueldade é devastação e estripação, decomposição e esfolamento. Sua ordem é colocar a nu os ossos, os nervos e a medula. A isso que Nietzsche se mantém fiel aos seus textos de juventude, como em *O livro do filósofo*: procurar um remédio para o mundo, colocar o problema da existência em termos de saúde e procurar um médico para a civilização.

O que quer que seja o mundo, a crueldade sempre foi difundida e nos impregnou. Ela escorreu, jorrou, transpirou. A vontade não rima com nada: ela é. Fato bruto e incontornável, é com ela que é necessário decifrar o real e contar para a transvaloração dos valores. Como bom filólogo, Nietzsche coloca o termo em relação com o cru, o sanguinolento, com aquele que ama o sangue. O que quer o filósofo? Atentar para o líquido seminal ativo nas coisas, no mundo e no real.

A crueldade consiste em querer a Vontade de potência, em desejar o necessário, em amar o infalível. Ela supõe consentir ao que não pode não ser. Somente a mentira cristalizada na metafísica ou na religião pode dar a ilusão que seja de outra forma. Mas se trata apenas de uma ilusão. Ser cruel, afirmar a natureza bovarista[43] deste erro, o caráter enganoso e mítico dessas hipóteses de mundo transcendental. Querer o querer, aí está toda a crueldade desejada por Nietzsche.

* * *

Assim, desde que, em *A Vontade de potência*, ele enumera as paixões afirmativas, Nietzsche isola

> [...] o orgulho, a alegria, a saúde, o amor sexual, a hostilidade e a guerra, o respeito, os gestos de bondade, as boas maneiras, a vontade forte, a alta disciplina intelectual, a vontade de potência, o reconhecimento pela terra e pela vida, tudo isso que é rico e vale dar, tudo isso que faz os dons da vida, a doura, a eterniza e a diviniza, toda a potência das virtudes que transfiguram, tudo isso que aprova, afirma, diz sim em palavras e em atos (VP, t. II, L, 4, § 360).

Como incluir nessa lógica o homicida, o estuprador, o criminoso? As pilhagens, o belicismo dos militares ou os horrores do nazismo? Onde encontrar um Sim à vida nas execuções e nos genocídios? Que virtudes dionisíacas e afirmativas haveria nas câmaras de gás, nas cercas de arame

---

[43] A expressão bovarismo é derivada do nome da personagem do romance de Gustave Flaubert, Madame Bovary. Desde o século XIX passou a designar um sentimento de insatisfação cuja saída se dá pela imaginação, característica principal da protagonista, que busca uma saída romanesca e imaginária para as dificuldades de enfrentar sua condição social e sua vida afetiva. Pensado como uma patologia, o termo foi usado por Nietzsche para descrever um tipo de doença de uma civilização que buscaria uma saída imaginária para seus problemas. Para uma leitura aprofundada do uso do termo como definição de um comportamento patológico das mulheres, ver KEHL, Maria Rita. *Deslocamentos do feminino*. Rio de Janeiro: Imago, 2008. Para um aprofundamento do uso do termo bovarismo em Nietzsche, ver BUVIK, E. Le príncipe bovaryque. In: GAULTIER, Jules. *Le bovarisme – mémoire de la critique*. Paris: PUPS, 2006. (N.T.)

farpado, nos crematórios? Virtudes decadentes, excrescências do ressentimento e monstruosidade do ideal ascético – aí está o que assombra os degraus do abjeto.

O assassino mostra que ele está habitado pelo ressentimento, que ele é conduzido, carregado, guiado pelas forças da vingança, e não por aquelas da leveza dos hiperbóreos. Do ponto de vista da vontade de potência, o criminoso é um fraco, um doente, um débil ou um escravo. Sua impotência em assumir esse mundo o leva em direção à vingança, à solução dos medíocres. Nada é mais estranho à Vontade de potência que consentir as forças vitais e não mortíferas – Eros, não Tanatos.

O sacrificador dos ideais de morte é habitado pela urgência da sublimação. Ele é o jogador de uma constelação de más propriedades. Impuro e atravessado pelos miasmas do desejo de empreender uma revanche, o criminoso, o assassino, o saqueador, o estuprador são movidos pelo contrário da Vontade de potência – uma Vontade de impotência, poderia se dizer. Uma fraqueza no trabalho, uma confissão de incapacidade de ser de outra forma que não seja a negação de ser, uma miséria essencial – as virtudes decadentes.

Ao contrário do doente, o Super-homem dotado de grande saúde é afirmador. A vida é sua reparação. Ele quer e se faz o mestre de si mesmo, agente de forças ativas – não reativas –, de construção – e não de destruição. Para que essa potência figure no trabalho de cada um de nós, Nietzsche usa de imagens que, quase um século depois, não deixam de criar problemas. Por isso elas servem a seus detratores, muito felizes de encontrar formas de condená-lo.

Como na famosa passagem de *A genealogia da moral*, na qual o filósofo celebra "a magnífica *besta loura* que vagueia ávida de espólios e vitórias" (GM, I, § 11, grifo da tradução brasileira). A metáfora é carregada de sentido, sobretudo se, depois do nazismo, for identificada com o nietzschianismo ariano – dono de si mesmo, habitado por forças ativas e afirmativas, figura poética – aquele que celebra o III Reich, emblema da construção racial. O ariano de Nietzsche é o Mestre antes da primeira transvaloração dos valores que, em plena saúde, afirma sua vida e ignora os efeitos perversos do ressentimento, do ideal ascético e das lógicas do desprezo pela terra. O ariano de Hitler é o contrário do primeiro: é aquele do ódio e da vingança – um escravo, um homem da renúncia e da abnegação.

Esta *besta loura* é a imagem lírica da crueldade necessária a todo empreendimento desejoso de revolucionar e de reverter os antigos valores. O Super-homem nietzschiano é cruel porque ele esquece; o Nazista é cruel porque ele se lembra com azedume e violência. O Nazista é um sub-homem, no espírito nietzschiano, um instrumento de forças negativas, do ressentimento, do niilismo e das virtudes decadentes.

É o que percebemos na leitura desse texto de *A genealogia da moral*, no qual Nietzsche fustiga os antissemitas: "não surpreende ver surgir, precisamente desses círculos, tentativas como já houve bastantes [...] de sacralizar a vingança sob o nome de justiça [...] e depois promover, com a vingança, todos os afetos reativos" (GM, II, § 11). Contra a crueldade dos escravos, voltado para o passado, para a lembrança, Nietzsche quer a crueldade do Super-homem, do Mestre que sabe esquecer e é feito da virtude de apagar os traços e a memória do que convoca à negação, o esquecimento de si e o sacrifício das forças de automutilação. Ser impassível e saber tomar distância e altura, aí estão, aos olhos de Nietzsche, as premissas do super-humano.

Às fraquezas da mesquinharia vingativa, o filósofo prefere os fortes e seu superestoicismo – Amor Fati é sua regra, já que eles conhecem o Eterno Retorno. Ele traça o perfil de um ideal de razão na qual ele acredita pouco, muito atento e muito lúcido. Mas aqui está o que seria o

Super-homem liberado dos entraves da servidão – nada a ver com um elogio ao Luger:

> Quando realmente acontece de o homem justo ser justo até mesmo com os que o prejudicam [...], quando a elevada, clara, branda e também profunda objetividade do olho justo, do olho *que julga,* não se turva sequer sob o assalto da injúria pessoal, da derrisão e da calúnia, isto é sinal de perfeição e suprema maestria (GM, II, § 11, grifo da tradução brasileira).

Impassibilidade, característica arrogante, o Super-homem permanece sobre os cumes, ele leva seu paroxismo de virtudes estoicas e conhece verdadeiramente a ataraxia.

Em diferentes lugares significativos, Nietzsche expressa seu desagrado em relação aos empreendimentos nos quais a crueldade é usada com fins pedagógicos e coletivos – para fundar e constituir uma memória. Ele deplora o uso reativo da crueldade nos suplícios, nos martírios, nos sacrifícios sangrentos, nos holocaustos – a palavra é dele –, nas mutilações ou nos rituais religiosos que têm cor de hemoglobina. A crueldade de um verdadeiro sangue – e não de um líquido poético e metafórico –, aquele que os soldados e os militares, os criminosos e os homens da trincheira fazem escorrer, é uma crueldade subsumida aos vis e mais baixos instintos.

Com Zaratustra, alcança-se a verdade nietzschiana sobre o sujeito. Em um aforismo visionário – que os marxistas e os cristãos, os nazistas e os fascistas o entendam! – o filósofo da serpente diz:

> Zelosamente e aos gritos empurravam seu rebanho sobre a sua estreia ponte: como se houvesse uma única ponte para o futuro! Em verdade, também esses pastores contavam ainda entre as ovelhas! [...] Sinais de sangue inscreveram no caminho que percorreram, e sua tolice ensinou que a verdade se prova com sangue.

Mas o sangue é a pior testemunha da verdade; o sangue envenena inclusive a mais pura doutrina, tornando-a loucura e ódio nos corações. E, se alguém caminha no fogo por sua doutrina – o que prova isso? Mais vale, isto sim, que a nossa doutrina venha de nossa própria chama! (AFZ, II, Dos sacerdotes)

Como expressar melhor a cumplicidade entre a crueldade desejada por Nietzsche e a tensão existencial em direção a um ultrapassamento de si mesmo, em direção à criação de si como um edifício sem dúvidas? Pode-se então subestimar no filósofo que foi também poeta – ver, entre outros, Ditirâmbico a Dionísio –, o uso das imagens, das metáforas, das alegorias que encantam o texto sob o risco de interpretações errôneas e radicalmente antinômicas com o espírito de Nietzsche?

O *pathos* da distância

Nietzsche diz que o maior problema da ética é a alteridade. Nada entrava mais a expansão das forças que outras forças. A cosmologia nietzschiana é cheia de nós, acasos e fissuras. O jogo de subjetividades singulares não pode senão encontrar o mesmo trajeto nos outros. Nenhuma moral pode limitar ou conter essas potências em busca de encarnações.

A ética nietzschiana não é normativa – do modo kantiano... – porque o filósofo afirma a natureza cega e imperativa dos desejos e das energias. Ele afirma o eterno retorno dessas forças que habitam os seres. Vontade de impotência do desejo é desejar o impossível. O real é feito desta evidência: não há nada além de fogos e clarões, relâmpagos e fragmentos. O outro é o mesmo que eu: habitado pela vontade, corroído pela busca de um território sobre o qual expressar seus abismos, quer dizer, sua natureza. Sua procura sempre por mais potência se confunde com aquela de um máximo de jogo, um sendo a condição de possibilidade do outro. Nesta polêmica de vontades de potência opostas, o conflito é rigoroso.

A alteridade, em Nietzsche, se vê segundo uma dupla modalidade: a exclusão e a integração. No imenso labirinto percorrido pelas singularidades ociosas, mas ciosas de mais potência, podem-se isolar dois grandes movimentos. Para significar essas duas grandes polaridades, Nietzsche põe em cena as categorias de Senhor e Escravo. Fez mal em usá-las, já que aos olhos dos contentores da vida, esses dois termos significam o normativo, agora que o uso desses dois conceitos caracteriza antes de tudo a evidência de um estado de fato.

Do lado dos Escravos, encontra-se a submissão às regras e às leis em vigor, a passividade, a fraqueza e falta de vontade de potência – ou ao menos uma vontade de potência fraca, sem grandeza. Eles sacrificam o ideal ascético, o instinto gregário e as ideologias do ressentimento por impotência de assumir sua debilidade. Os valores da decadência e do niilismo são suas insígnias: renúncia, ódio, desprezo, desejo de vingança, e tudo mascarado sob os ideais de compaixão, piedade e simpatia, fraternidade socialista ou amor ao próximo cristão! Seu gozo não tem outro sentido além da obediência.

Do lado dos Senhores, já a nobreza, a grandiosidade, a singularidade e a autonomia. Estes criam os valores, seus valores. Solitários, eles caminham de forma altiva. A grande saúde é a virtude suprema: eles sabem afirmar, dizer sim à vida, às potências que os habitam e aos prazeres que os atendem. Sua força é expansiva, eles querem aproveitar a vida, dar um sentido à sua existência, fazer de seu cotidiano uma obra de arte. O Senhor sabe que ele tem um corpo e o quer tal como ele é, com seus arcanos, seus mistérios e suas promessas de felicidade.

De um lado, "o covarde, o medroso, o mesquinho, o que pensa na estreita utilidade; assim como o desconfiado, com seu olhar obstruído, o que rebaixa a si mesmo, a espécie canina de homem, que se deixa maltratar, o adulador que mendiga, e sobretudo o mentiroso" (ABM, § 260). De outro lado, "o homem de espécie nobre se sente como aquele que determina valores, ele não tem necessidade de ser abonado, ele julga [...] sabe-se como único que empresta honra às coisas, que *cria valores*. Tudo o que conhece de si, ele honra: uma semelhante moral é glorificação de si. Em primeiro plano está a sensação de plenitude, de poder que quer transbordar, a felicidade da tensão elevada, a consciência de uma riqueza que gostaria de ceder e presentear" (ABM, § 260, grifo da tradução brasileira). O Senhor dá, não por piedade ou compaixão, mas por excesso de força, transbordamento da vida. Seus objetivos? Domínio de si, rigor e vigor, nobreza e grandeza. Não comandar, mas se governar.

As figuras do mestre não são encontradas no improvável ou no ideal. Ao longo da história, houve emblemas de singularidade e autonomia. Assim o dândi ou o libertino, o cínico ou o samurai, o *ariste*[44] de Georges Palante ou a anarquia de Ernst Jünger. Pensemos igualmente nos homens da Renascença e no seu desejo de novos continentes teóricos. Para essas instâncias exacerbadas pelas potências de vida e de afirmação, nem as leis exteriores nem o *nomos* transcendente existem. Reina a imanência: recurso das coisas próximas e verdade das energias do movimento e da vida.

Um dos traços do Escravo é seu desejo de conformidade, sua vontade de estar ao lado do numeroso, da massa e dos grupos. Sozinho, ele está perdido. Ele quer o calor animal dos discípulos, os vapores da concentração e

---

[44] Termo francês cunhado pelo filósofo George Palante (1862-1925), um leitor de Nietzsche e de Freud, que pretendeu reunir em uma só palavra seu ideal aristocrático e artístico. Sobre Palante, Michel Onfray publicou *Physiologie de Georges Palante: pour un nietzschéisme de gauche* (Paris: Biblio Essais, 2005). (N.T.)

do espírito gregário. O mimetismo, eis sua qualidade essencial. Quando o hiperboreano evolui na mais franca das altitudes, o homem das multidões apodrece nos buracos da unidimensionalidade.

★ ★ ★

Imaginem todas as figuras, esses dois polos isolados – domínio e servidão –, todos os tipos de relação possível entre essas duas esferas. Do Senhor em direção ao Escravo, a relação é simples: compaixão por excesso de força, indiferença natural ou um olhar de superioridade. O Senhor tem por princípio:

> O que faz uma moral dos dominantes parecer mais estranha e penosa no gosto atual, no entanto, é o rigor do seu princípio básico de que apenas frente aos iguais existem deveres; de que frente aos seres de categoria inferior, a tudo estranho-alheio, pode-se agir ao bel-prazer ou "como quiser o coração", e em todo caso "além do bem e do mal" (ABM, § 260).

Não compreendamos, por isso, que o Senhor tem total licença sobre o Escravo. Ele só tem direitos em relação à sua Vontade de potência. Se ele manifesta violência ou agressividade, ele se contenta em manifestar ressentimento. Sua crueldade é, portanto, reativa. Ela se recoloca imediatamente no campo dos Escravos conduzidos pela ira.

A qualidade do Mestre ou a do Escravo não se adquire definitivamente, ela é merecida. É preciso, para isso, consentir ao Eterno retorno, praticar o amor pelo destino, saber rir e esquecer, agir por excesso de potência e não por falta. Ora se age por falta de potência porque se deixa guiar pelas forças de vingança, o signo distintivo de toda servidão – servo do ressentimento. A dialética do senhor-escravo é perpétua. Fixar um Senhor ou um Escravo em um status seria contrário à intuição nietzschiana.

O Senhor evolui no registro do super-humano, ele opera nas esferas da pura Vontade de Potência, à qual ele sacrifica e consente. A Nobreza implica em deveres, a grandeza supõe servidões: obedecer à vida, nunca dizer não à morte ou às forças de morte (ressentimento, ódio, vingança, ideal ascético e outras paixões tristes, para usar o vocabulário de Spinoza). O Super-homem só estabelece relações com as forças ativas e vitais, sob pena de não mais merecer suas qualidades e retroceder ao estado de servo.

★ ★ ★

Do Escravo em direção ao Mestre, só pode ser questão de inveja, de desejo. Ele quer minar a confiança na vida e concentra todas suas forças sobre os ideias niilistas. Sua retórica é negadora: pessimismo ao olhar do real, desprezo pela afirmação, desconfiança quanto à força. Ele se ergue como modelo e transforma sua impotência e sua incapacidade de viver em normas de uma moral construída na medida de suas fraquezas. Aos olhos, a figura do Senhor funciona como um emblema do negativo. É preciso um contraste, um ideal a combater. Assim, ele decide pelo jogo combinado de forças reativas que existe uma adequação entre o Senhor e o Mal.

Por outro lado, ele faz da servidão o ideal de sua razão doente.

> O olhar do escravo não é favorável às virtudes do poderoso: é cético e desconfiado, tem *finura* na desconfiança frente a tudo 'bom' que é honrado por ele – gostaria de convencer-se de que nele a própria felicidade não é genuína. Inversamente, as propriedades que servem para aliviar a existência dos que sofrem são postas em relevo e inundadas de luz: a compaixão, a mão solícita e afável, o coração cálido, a paciência, a diligência, a humildade, a amabilidade [...] A moral

dos escravos é essencialmente uma moral de utilidade (ABM, § 260, grifo da tradução brasileira).

Advinha-se, sob esse perfil, os cristãos e suas reatualizações políticas, os socialistas.

★ ★ ★

Entre eles, os Escravos seguem as regras do rebanho: solidariedade e fraternidade, também nomeadas de amor ao próximo e compaixão, piedade e camaradagem. Todas as virtudes são aquelas do gregário, da massa e da multidão. Temor, medo, inquietude e vontade de se vingar os animam. Suas simpatias são reativas, eles desejam o grande dia da saúde, eles esperam a felicidade para amanhã, eles não cessam de adiar sua hora para melhor se satisfazer na infelicidade, na tristeza, na dor ou na exploração. Eles ignoram o instante e não vivem além do ontem, associado aos paraísos perdidos, e dos amanhãs pensados como momentos de paz, de saúde ou de resolução de conflitos.

O universo é estreito, mesquinho e faz o jogo dos exploradores e dos falsos mestres, daqueles que usam o poder, não tendo nada a ver com a tensão ou a ascese propostas por Nietzsche. Entre eles, os Escravos são como os animais enterrados à espera de uma solução que não virá pela boa razão que eles tenham – e só eles – para a resolução de seus problemas. Jaurès[45] não estava enganado, ele que via no super-humano uma potencialidade na qual é suficiente consentir. À falta de consentimento, os servos vivem nas mais rasas das perspectivas.

Entre eles, os Senhores reatualizam os velhos valores e dão uma nova marca para a transvaloração dos valores. Entre os Senhores, as relações são de cumplicidade e de inteligência. Eles se reconhecem como afirmadores

---

[45] Referência ao socialista francês Jean Léon Jaurès (1859/1914). (N.T.)

preocupados com a singularidade e com as coisas próximas. Eles sabem fazer o uso que os convém da Amizade. Zaratustra tem a nostalgia desta doce intersubjetividade que conduz os trabalhos super-humanos. Ele sabe que toda potência está contida em uma relação sublimada na qual as virtudes nobres ocupam o papel principal – virtudes ativas, positivas e afirmativas.

O Amigo pratica a Fidelidade, o Pudor, ele sabe e advinha. Seu papel é propedêutico nas grandes tarefas do ultrapassamento e das novas tábuas de valores: "Não vos ensino o próximo, mas o amigo", diz Zaratustra. "Que o amigo seja, para vós, a festa da terra e uma premonição do super-homem. Eu vos ensino o amigo e seu coração mais que pleno" (AFZ, I, Do amor ao próximo). A ética nietzschiana é a moral do reconhecimento, da identidade e não da diferença.

★ ★ ★

Nietzsche ousa dizer o que todos praticam. Lá ainda, longe das preocupações normativas, ele descreve o real, ao fazer a genealogia e ao propor uma descrição muito detalhada. Ele nem deseja nem condena, ele sabe que as polaridades isoladas respondem a essas regras – a reunião dos semelhantes, a coesão do mesmo, a fusão dos idênticos e a separação dos dessemelhantes, a dispersão dos diferentes. Toda preocupação aristocrática é garantir a base de nosso comportamento, já que todos são seletivos e eletivos. Somente os planetas idênticos se encontram. Caso contrário, só se encontram mal-entendidos ou formas antinaturais. O sentido da distinção é inato e trabalha magistralmente na economia das intersubjetividades.

Vindo da montanha, acompanhado por sua águia e sua serpente, Zaratustra ensina a dominação de si e diz: "Mas, onde encontrei vivos, ouvi também falar de obediência. Tudo que vive obedece". Mais: "Recebe ordens aquele que não sabe obedecer a si próprio" (AFZ, II, Da superação de si mesmo). A obediência resulta em uma incapacidade de comandar – a qual todos aspiram. É de onde vem o ressentimento daqueles que não pertencem aos senhores. A falta de poder sobre si é a causa, a única causa, da falta de poder sobre o mundo, sobre o real.

E Zaratustra continua:

> Onde encontrei seres vivos, encontrei vontade de poder; e ainda na vontade do servente encontrei a vontade de ser senhor. Que o mais fraco sirva ao mais forte, a isto o persuade sua vontade, que quer ser senhora do que é ainda mais fraco: deste prazer ele não prescinde. E, tal como o menor se entrega ao maior, para que tenha prazer e poder com o pequeníssimo, assim também o maior de todos se entrega e põe em jogo, pelo poder – a vida mesma (AFZ, II, Da superação de si mesmo).

Descobrem-se aqui teses interessantes sobre o gozo na servidão voluntária. No serviço e na abnegação, encontram-se, em germe e em potência, o orgulho e o domínio. Cada um se vê portador de uma mesma vontade de potência no que diz respeito à sua essência, mas ela difere na intensidade. Mesmo em sua função, essa diferença se faz. Os escolhidos, os Senhores, são aqueles nos quais a Vontade de potência é forte; os esquecidos, os Escravos, são aqueles nos quais ela é falha. Presente em todos, ela não é idêntica em cada um: a Vontade de potência é o argumento da seleção.

No topo da hierarquia se encontram os fortes, que se distinguem pela capacidade de distância e pela grandeza solitária. Nos homens dessa natureza, a vida e a saúde existem em seu paroxismo. Na base da hierarquia, há os fracos, que se distinguem pela incapacidade de dizer sim, de viver suas vidas, de consentir a sua existência e às formas que ela exige. A repartição dessas forças obedece à pura necessidade. O nietzschianismo é um jansenismo[46] da vontade de potência...

Preocupado em mostrar seu degrau na hierarquia, Nietzsche confessa, em *Ecce Homo*: "Abrigo um sentimento de distinção – ao jovem imperador alemão eu não concederia a honra de ser meu cocheiro" (EH, "Por que sou tão sábio", nota 8). Assim se vai toda individualidade. Seu tipo de participação na Vontade de potência a marca com o signo de eleição – ou não. Como não pensar aqui em Diógenes, que, seguro de si mesmo e de sua segurança, pede a Alexandre que ele se levante de seu sol? Eis em cena e em ato uma das figuras do super-humano, uma saúde eficaz e a virtude das grandes individualidades... A quilômetros dali, os cavaleiros do gregário se fazem de criados e cocheiros, eles lançam no ar, em pura perda, o fluxo de fel e de bile que não alcançará jamais seus alvos, tamanha é a distância.

Estética cínica

Zaratustra promoveu a virtudes teológicas o riso, a dança e o vinho. A gargalhada, a alegria e a embriaguez. Fundou uma grande saúde e uma transvaloração dos valores, e fez da nobreza e do gozo os objetivos de uma ética preocupada com o sentido da terra. Vindo da montanha, ele ensinou a polidez do desespero, o desejo de vento e a vontade de inebriamento. Não há nada como fazer do corpo a verdade primeira da moral nietzschiana.

Os cínicos da antiguidade grega faltam singularmente na obra de Nietzsche. E, no entanto, aqueles que não hesitavam em comer a carne crua, a carne humana, e a se masturbar em praça pública, haviam seduzido o filósofo do martelo. Mesmo desejo de acabar com as velhas hipocrisias de um mundo usado, mesma vontade de promover

---

[46] Movimento católico inspirado nas ideias do bispo Cornelius Jansen. Desenvolveu-se na França e na Bélgica nos séculos XVII e XVIII. (N.T.)

a imanência e de propor em ascese uma tensão em direção a um ultrapassamento – uma forma de super-humano.

Zaratustra e Diógenes têm em comum a estranha mania de percorrer as ruas com uma lanterna na mão, procurando o homem em pleno dia. Um e outro amavam a vida, o sol e a simplicidade. Todos os dois são famintos de novas maneiras de viver, mais do que de teorias ou de sistemas. Filósofo do martelo, filósofo do barril – cada um, à sua maneira, escolheu um lugar no cume, escolheu a solidão, a lucidez fria e cruel contra todas as tolices.

Diógenes, por outro lado, iria amar Zaratustra, o filósofo do bestiário, sempre acompanhado de uma águia, o animal mais altivo; e de uma serpente, o animal mais sutil. Ele teria gostado dos camelos e dos leões, dos dragões e de seus valores, da víbora e de sua mordida, da vingança das tarântulas, os enxames de pombos associados ao riso dos leões. Ele, Diógenes, o filósofo do rato, do cachorro, do arenque, do sapo e do polvo. Em seguida, Nietzsche fala do cinismo que ele entende como "o mais elevado que se pode alcançar na Terra" (EH, Por que escrevo tão bons livros, § 3). Entre esses ápices sobre os quais evoluem Diógenes e seus congêneres, Nietzsche procura as virtudes magníficas e as plantas raras de sua nova moral. Ele vai encontrá-las sob a forma do Riso, da Dança e da Embriaguez.

★ ★ ★

Argumento final contra o velho mundo, o riso faz explodir as certezas admiráveis, ele semeia a dúvida e recolhe a tempestade. Ele despede o sagrado e o transcendente: contra os aspectos viscosos de Deus, ele é o único recurso. Fermento da imanência mais eficaz, ele defende um supremo desprezo que prepara os espaços de solidão e de isolamento, de eleição e de excelência. Seu lugar na economia do sistema nietzschiano é arquitetônico, ele é a condição de possibilidade de uma gaia ciência e, ao mesmo tempo, de uma grande saúde; simultaneamente, ele dá o sinal anunciador, os prolegômenos ao sentido da terra.

A gargalhada autoriza uma estética pagã desembaraçada dos deuses e do divino. Sua função convida à lucidez. O trabalho realizado pelo riso[47] é psicagogia:[48] redução do real à sua natureza verdadeira, sem suas hipóteses e seus atributos mentirosos – a meio-caminho entre a dissociação das ideias e a desconstrução. O riso força o real a aparecer nu, desfeito da profundidade que se dorme nas ilusões, dos fantasmas e dos erros – um real autêntico, para além do bem e do mal. Supremo excesso, ele é o grito afirmativo e a consolação terrestre jorrada dos nichos vazios de seus locatários divinos.

Zaratustra faz um uso estimulante do riso: ele é sacrifício e êxtase, julgamento de valor e catarse, distração do real e recurso à exasperação. Nele se tensiona e se mobiliza o corpo inteiro, a carne, o sangue e o sopro. Nada exprime mais a proeminência da pele sobre as ideias. Tudo aquilo que estagna nos orifícios da carne e vive às suas custas é expulso. As substâncias tóxicas do otimismo e da esperança são negociados com o lucro do despojamento de toda ingenuidade.

Não há riso sem dor, não há dor sem lucidez. Não há conhecimento sem sofrimento. O riso ocupa, em Nietzsche, o lugar que havia sido da Razão durante séculos: um instrumento de apropriação do mundo, uma retórica imperiosa. A gargalhada é agressiva, participa do infernal e da queda no abismo. Não surpreendente que o cristianismo condene o riso que Jesus ignora. O sentido de anátema é evidente:

---

[47] Sobre a função do riso na obra de Nietzsche, ver o ótimo trabalho de Rosana Suarez. *Nietzsche comediante: a filosofia na ótica irreverente de Nietzsche*. Rio de Janeiro: 7Letras, 2007. (N.T.)

[48] Cerimônia religiosa que tinha como objetivo apaziguar a alma dos mortos. (N.T.)

frente de uma medalha na qual o verso é magnificado pela religião mortífera – as lágrimas.

O riso opera o sentido da transvaloração dos valores: ele quer a reversão das perspectivas desoladoras e da seriedade. A morte da morte e o nascimento da vida. Água e fogo, o riso e Deus são incompatíveis. Só Dionísio gera a gargalhada. O Crucificado produz o luto e a melancolia, o choro e o cortejo dos adoradores das aflições. O riso funda um eudaimonismo ateu.

No coração do riso, jaz o interior. Com tal arma, aquele que ri se faz aristocrata, contentor dos contentores. Para evitar o uso grosseiro e plebeu do riso, Nietzsche o associa ao fugidio, à leveza:

> Quem um dia ensinar os homens a voar, deslocará todos os marcos de limites; os marcos mesmo voarão pelos ares, e esse alguém batizará de novo a terra – de "a Leve". Por que, "sobretudo que eu seja inimigo do espírito de gravidade, isso é maneira de ave: e, em verdade, inimigo de morte, arqui-inimigo, protoinimigo! (AFZ, III, Do espírito de gravidade, § 1)

O riso é o sopro que intercede nas instâncias hiperbóreanas a fim de melhor destruir os espíritos sérios – os espíritos pesados.

Quando ri, Zaratustra concentra suas forças psicagógicas com as quais ele provoca as tormentas niilistas, "pois no riso tudo que é mau se acha concentrado, mas santificado e absolvido por usa própria bem-aventurança" (AFZ, III, Os sete selos, § 6). Crueldade contra a evidência e os mitos, as ilusões e as verdades, a hipocrisia e a infâmia – boa crueldade. Crueldade contra o velho mundo e os recursos opiáceos. Assustados e aterrorizados pela natureza entrópica do real, os homens rivalizam em engenhosidade e inventam uma constelação de mentiras: metafísica, religião, sistema, moral, virtude, falta, hábito e conformismo, rito, mistério e moral, ideologia – idiossincrasia, diz Nietzsche – teorias e hipóteses. Ele derruba esse castelo de cartas, desfaz o decoro e revela as vísceras sob a pele.

O mundo é de uma banalidade escandalosa, de uma simplicidade aflitiva. As máscaras em que o real se esconde são todas as mesmas, já que elas procedem todas das mesmas angústias, da mesma vontade de sacrificar antes as lágrimas do que o riso. Entre o real esperado, matizado e enfeitado, e o real manifesto, há o abismo do qual surge o riso.

Nietzsche celebra os méritos da gargalhada a ponto de convidar a uma nova medida com a qual mensurar os pensamentos e seus valores:

> Eu chegaria mesmo a fazer uma hierarquia dos filósofos conforme a qualidade do seu riso – colocando no topo aqueles capazes da *risada de ouro*. E supondo que também os deuses filósofos, como algumas deduções já me fizeram crer, não duvido que eles também saibam rir de maneira nova e sobre-humana – e à custa de todas das coisas sérias! (ABM, § 294, grifo da tradução brasileira)

Veríamos se aproximar do alto Diógenes, Crates e Empédocles. Mais tarde, Montaigne e Schopenhauer. Atualmente, Bataille, Foucault e Clément Rosset. Muito pouco diante da coorte de lacrimejantes e de tristes...

★ ★ ★

Associado ao Riso, a fim de fundar a leveza dionisíaca, Nietzsche promove também a Dança. Em *Assim falou Zaratustra*, o diabo, simbolizado pelo espírito pensador, é oposto a deus, o espírito de leveza que se encarna na dança. Se o Riso transforma a angústia em tristeza, o medo em alegria, a dança é a alquimia que substitui a densidade, o peso e o espesso pela leveza, o aéreo e o sutil. Rir e dançar são os instrumentos cínicos da transvaloração dos valores

– figuras alegóricas ao mesmo tempo da vontade inovadora, se não revolucionária. De onde vem a plena potência das palavras de Zaratustra: "E perdido seja o dia em que não dançamos uma vez sequer! E consideremos falsa toda verdade em que não houve ao menos uma risada!" (AFZ, III, De velhas e novas tábuas, § 23).

Dançar é enganar o espaço e afrontar o pensador, jogar com o corpo e os volumes, afirmar a verdade dos músculos e sua tensão. Dançar é se estirar ao sol, imitar o voo, imitar Ícaro, desafiar os deuses e a necessidade. É passar além da condição telúrica e subterrânea do mortal para alcançar o super-humano e suas virtudes alciôneas – o sopro e o éter, o vento e seus espaços. O alcíone, pássaro da paz, presságio de quietude e símbolo do caminhar sobre as águas.

Nietzsche afirma: "Eu acreditaria num deus que soubesse dançar. [...] Aprendia a andar: desde então corro. Aprendi a voar: desde então, não quero ser empurrado para sair do lugar. Agora sou leve, agora voo, agora me vejo abaixo de mim, agora dança um deus através de mim" (AFZ, I, Do ler e escrever). Equilibristas, amantes do abismo, escaladores de picos, solitários das alturas, Nietzsche não deixou de desejar o alto, o cume e a nobreza de quem pode abraçar, com um só olhar, a totalidade do mundo. Risonho e dançarino, ele dá às suas gargalhadas e aos seus saltos um significado retórico.

★ ★ ★

Embriaguez ou êxtase, reencontro do corpo com ele mesmo, reconciliação para além de todas as alienações, o recurso nietzschiano consiste em promover Dionísio contra o Crucificado, a Vida contra a Morte. A referência ao deus grego contém toda a apologia do princípio seminal, de seus impulsos e de seu imperialismo. Supõe uma exacerbação da vitalidade e de sua expansão, das forças obscuras e arquitetônicas.

Nietzsche exalta em Dionísio o deus do Riso, da Dança e da Embriaguez. Em *O nascimento da tragédia,* ele faz uma descrição lírica. Na época, ele ainda estava preocupado com o declínio da Alemanha e acreditava na possibilidade de um renascimento coletivo pelo recurso aos mitos, a Wagner e a Schopenhauer. A solução nietzschiana para o problema prussiano é coletiva: Dionísio é o princípio federativo das festividades de reconciliação e de renascimento.

Descrevendo esses dionísios, Nietzsche fala da "sublime satisfação sobre os traços grandiosos da natureza" (NT, § 8); ele sublinha a proximidade desses estados provocados pelas bebidas alcoólicas ou os narcóticos, ou "com a poderosa aproximação da primavera a impregnar toda a natureza de alegria" (NT, § 1). Assim como ele associa o dionisíaco a "um mar perene, um tecer-se cambiante, um viver ardente" (NT, § 8), e insiste sobre o papel conciliador desempenhado por essa potência entre os homens e o mundo: "O escravo é homem livre, agora se rompem todas das rígidas e hostis delimitações que a necessidade, a arbitrariedade ou a 'moda imprudente' estabeleceram entre os homens" (NT, § 8).

Agora reinam a harmonia, a fusão, a reconciliação, a leveza, as virtudes aéreas – falando do homem radiante, Nietzsche escreve: "Está a ponto de, dançando, sair voando pelos ares. De seus gestos fala o encantamento [...] A força artística de toda a natureza [...] revela-se aqui sob o frêmito da embriaguez. [...] A argila mais nobre, a mais preciosa pedra de mármore é aqui amassada e moldada" (NT, § 1). Com essas potências da exaltação, o homem alcança uma nova dimensão: ele participa do gozo, da afirmação e da vida exacerbada.

Enraizado ao mundo, ele goza de sua presença e aceita as formas que o habitam. Contra a renúncia, ele pratica o transbordamento, a alegria, o prazer, o entusiasmo – todas as possibilidades de uma existência superior, de novas formas de vida. O cuidado de si é elevado à máxima potência.

A ética pagã se apoia sobre a estética cínica: princípio último e regra da leveza: um bom egoísmo, não egocentrismo que responde ao real travestindo o ressentimento, mas a autenticidade que ignora a má consciência e os pensadores da culpa. Zaratustra dá a fórmula dessa nova ética: "Mas quem quiser ficar mais leve, tornando-se pássaro, tem de amar a si mesmo: – é o que ensino eu" (AFZ, III, Do espírito de gravidade, § 2). De onde vem a necessidade de uma saudável casuística do egoísmo.

A casuística do egoísmo

A ética nietzschiana se preocupa com as coisas próximas e com as práticas concretas. A injunção moral é simples, ela convida à expressão estética da existência: "Queremos ser os poetas-autores de nossas vidas, principiando pelas coisas mínimas e cotidianas" (GC, IV, § 299). O ideal super-humano tem por função magnificar a vida em todas as suas formas. É preciso substituir a figura decadente de Jesus por Dionísio, mais preocupado com a embriaguez e a vitalidade. Com o dionisismo, "o homem não é mais artista, tornou-se a obra de arte" (NT, § 1). Nada é mais distante do cristianismo e de seus imperativos mortíferos que essa vontade de fazer da vida matéria para formas, escolhas, decisões. A ética procura um sentido para a estética: o bem só é verdadeiro no belo.

Para construir uma moral digna do sentido da terra, é preciso abordar a questão das possibilidades do corpo. As carnes foram negligenciadas, se não perseguidas, durante muito tempo. A doença aprisionou suficientemente Nietzsche neste ponto. A ideia não é nada além de um produto da fisiologia e tem uma relação imediata com o corpo: "O inconsciente disfarce de necessidades fisiológicas sob o mando da objetividade, da ideia, da pura espiritualidade, vai tão longe que assusta – e frequentemente me perguntei se até hoje a filosofia, de modo geral, não teria sido apenas uma interpretação do corpo e uma *má-compreensão* do corpo" (GC, Prólogo, § 1, grifo da tradução brasileira). A metafísica como resíduo da carne.

Além da carne, seria preciso promover os espaços úteis para a criação de uma lógica da imanência. Para decifrar essas zonas esquecidas, trata-se em primeiro lugar de entender sua natureza teórica. Daí a importância de uma História das coisas próximas, já que "até o momento, nada daquilo que deu colorido à existência teve história" (GC, I, § 7). Nada sobre o amor, a ganância, a inveja, a consciência, a piedade, a crueldade. Nada sobre o direito ou sobre as penas, sobre as divisões da jornada, a lógica de empregar o tempo. Nada sobre as experiências comunitárias, os meios morais, a vida cotidiana e os costumes das criaturas. Nada ainda sobre a dialética: "Conhecem-se os efeitos morais dos alimentos? Existe uma filosofia da alimentação?" (GC, I, § 7).

Em *Ecce Homo*, Nietzsche não hesita em escrever:

> De modo inteiramente diverso me interessa uma questão da qual, mais do que qualquer outra curiosidade dos teólogos, depende a 'salvação da humanidade': a questão da alimentação. Para uso corrente, pode assim formular-se: 'Como hás-de alimentar-te para chegares ao teu máximo de força, de virtude no estilo da Renascença, da virtude isenta de moralina?'. (EH, Por que sou tão sábio, § 1)[49]

Nietzsche se preocupa com seus alimentos: nada da cozinha alemã, muito pesada, nada de cerveja ou álcool, muito perigosos. Água e uma alimentação que ele fantasia como a melhor e a mais leve do mundo: as massas, as

---

[49] Há várias versões deste livro. Esse trecho não consta da edição brasileira. A tradução é de Artur Mourão para a edição portuguesa, com adaptações minhas a fim de seguir algumas das características da edição brasileira, como o uso do termo *moralina*. (N.T.)

carnes com molho e as farinhas da culinária piemontesa. Assim como ele é preocupado com a sua rotina alimentar: chocolate holandês de manhã, uma hora mais tarde, um chá rápido. Refeições sem impacto e acompanhadas de carnes.

Nietzsche é um amante fanático das lojas de embutidos – ele adora as salsichas secas que sua mãe lhe envia e que ele pendura em réstias no seu quarto, assim como ele se preocupa, em numerosas cartas a sua mãe, com as remessas de presuntos defumados. Ainda que teoricamente atento aos efeitos dos alimentos sobre o corpo e suas produções, ele não hesita em fazer tratamentos com cerveja para – diz ele – dormir melhor... Assim como ele acreditava que um jantar leve poderia ser uma omelete recheada de geleia de maçã, de bistecas sangrentas e espinafres...

A segunda preocupação de Nietzsche dizia respeito à escolha do clima. A vida do filósofo é uma longa sequência errante por toda a Europa: Suíça, Áustria, Itália, França, sem falar nos seus desejos de ir para Tunísia, México, Japão ou Peru. Veneza, Sils-Maria ou Nice, tantos lugares marcados pela sua impressão.

> Ninguém é livre de viver em qualquer parte; e quem tem de resolver grandes tarefas, que exigem toda a sua força, tem mesmo aqui uma escolha muito limitada. A influência climática sobre o metabolismo, a sua inibição, a sua aceleração, vai tão longe que um erro em relação ao lugar e ao clima pode não só alienar alguém da sua tarefa, mas até recusar-lha: nem sequer a chega a ver (EH, Por que sou tão sábio, § 2).[50]

O ar seco e o céu puro são as condições de possibilidade da emergência do gênio. Se não forem suficientes, podem impedir ou tornar a expressão difícil, mesmo impossível.

---

[50] Esse trecho não consta da edição brasileira. A tradução é de Artur Mourão para a edição portuguesa. (N.T.)

Para apoiar sua tese, Nietzsche cita Paris, a Provence, Florença, Jerusalém ou Atenas como lugares em que o espírito sopra, ao mesmo tempo, a inspiração e o vento da criação.

Os lugares devem permitir uma alquimia que favoreça a energia e a produção de forças. Tudo aquilo que entrava a leveza é banido: é preciso promover a dança e o jogo alciôneo. Cada um deve analisar aquilo que lhe convém como clima. As influências da meteorologia produzem efeitos diferentes nos indivíduos: um necessita ser estimulado, outro, refreado, há quem deseje a umidade e a chuva, enquanto outros, a secura e os ventos. O bosque ou o deserto, a floresta ou as dunas.

Uma vez mais, Nietzsche antecipa os imperativos do corpo, sua lógica e seu discurso:

> Pois não haja engano acerca do método: uma mera disciplina de sentimentos e pensamentos não é quase nada – nisso está o grande mal-entendido da formação alemã, que é totalmente ilusória: deve-se primeiro convencer *o corpo*. A estrita manutenção de gestos significativos e seletos, a obrigatoriedade de viver somente com pessoas que não "*se deixam ir*", bastam perfeitamente para alguém se tornar significativo e seleto. [...] É decisivo, para a sina de um povo e da humanidade, que se comece a cultura no lugar *certo* – não na "alma" (como pensava a funesta superstição dos sacerdotes e semi-sacerdotes): o lugar certo é o corpo, os gestos, a dieta, a fisiologia, o *resto* é consequência disso... (CI, Incursões de um extemporâneo, § 47, grifo da tradução brasileira).

Nada é mais concreto que a preocupação nietzschiana com o céu e com os alimentos: ele vê nesta vontade de dominar o mais fraco um meio de alcançar o poder sobre o *fatum*. Ainda que a Vontade de potência esteja em toda sua obra, ainda que ela decida tudo, sobre tudo, Nietzsche pensa que é possível usar um *savoir-faire*, uma arte de si para enganar a necessidade e agir sobre o mundo.

A Vontade de potência subverte as leis: aquela da sua própria natureza e compleição. Está nas competências do sábio apaixonado pelo super-humano conhecer as leis e convocar sua vida a tender para o lado das instâncias mais prósperas, as mais promissoras de energia e de força. Em *Ecce Homo*, Nietzsche explica como ele faz uma leitura da vida: a questão é, para ele, entre a potência fraca e a potência forte.

Analisando a época em que ele trabalhava na Suíça, ele escreve:

> No meu tempo de Basileia, toda a minha dieta intelectual, incluindo a distribuição do dia, era um desperdício inteiramente absurdo de energias extraordinárias, sem um fornecimento de energias que, de qualquer modo, compensasse tal consumpção, e mesmo sem reflexão da minha parte acerca de tal desperdício e sua compensação. Faltava toda a refinada ipseidade, toda a proteção de um instinto imperativo; era um equiparar-se a qualquer outro, um "desinteresse" um esquecimento da sua distância – algo que jamais me perdoarei (EH, Por que sou tão sábio, § 2).[51]

O registro do vocabulário é expressivo: forças-gastos-recargas. Tudo se concentra nestes três momentos. A energia se acumula, se gasta, e depois exige uma nova acumulação, seguida de uma nova recarga. O indivíduo é o cruzamento destas operações mecânicas. Só um conhecimento dessas lógicas da reparação permite a intervenção ativa do sujeito nessa economia que, em termos modernos, se diria libidinal.

★ ★ ★

---

[51] Esse trecho não consta da edição brasileira. A tradução é de Artur Mourão para a edição portuguesa (N.T.).

A terceira preocupação nietzschiana – aquela que funda a casuística do egoísmo e permite ao filósofo explicar porque ele é tão sábio – diz respeito ao relaxamento, ao lazer. Nietzsche confessa seu prazer pela leitura. Pode-se verdadeiramente inferir o prazer da escrita. Ler talvez seja aprender, mas é também se distrair, se desligar de si mesmo, se esquecer. Uma biblioteca oferece a promessa de uma amizade, ao mesmo tempo em que reserva possibilidades incomensuráveis. Todo leitor assíduo tem uma gama de livros e de autores prediletos com os quais se produz uma vida e um pensamento.

Nietzsche lê com alegria os moralistas franceses. São eles – Montaigne, La Rochefoucauld, Vauverbargues, Chamfort, Rivarol, Joubert ou Helvétius – que lhe permitem tanto relaxar quanto elaborar sua teoria antropológica. Os livros são preciosos para ele porque fornecem a única amizade da qual ele pode se satisfazer em sua perpétua errância.

★ ★ ★

Quarta paixão desta casuística: a música, sem a qual ele não teria, sem dúvida, sido totalmente ele mesmo. Compositor convidado por Wagner a abandonar a ideia de uma carreira musical, ele sabe como se pode contar com essa atividade para produzir prazeres essenciais. Em uma carta a Peter Gast, em 15 de janeiro de 1888, ele escreve uma frase célebre: "A vida sem música não passa de um erro, uma tarefa irritante, um exílio" (CG, Letter à Peter Gast).

Em suas peregrinações na Europa, ele não deixa de comparecer aos concertos para escutar suas obras preferidas, mas também os programas que ele é ávido de descobrir. Se ele não gosta de Schumann, nem de Brahms, nem de Liszt, culpados das afetações, pela fraqueza das virilidades, ele ama Mozart e escreveu na primeira *Consideração intempestiva*: "Os medíocres não têm nem mesmo o direito de elogiá-lo". Em outro lugar, ele define seu sentimento e dá boas razões para sua admiração: Mozart é o homem do

> [...] canto do cisne – que fortuna para nós o fato de seu rococó ainda nos dizer algo, o fato de sua "boa sociedade", seu terno entusiasmo, seu prazer infantil em floreios e *chinoiseries*, sua cortesia do coração, seu anelo pelo gracioso, apaixonado, dançante, plangente-feliz, sua fé no Sul, ainda poderem apelar a algum *resíduo* em nós (ABM, § 245, itálico da tradução brasileira).[52]

Assim como ele aprecia Medelssohn, Haydn, Palestrina pela sua música profética, pelo seu gosto pela leveza e pelo aéreo. Com Wagner, o problema é delicado: muito amor produziu ódio, injustiça e um... ressentimento tão pouco nietzschiano! Enfim, concessões à modernidade, ele ama Schubert, que ele acha rico de potencialidades inusitadas, e Chopin, para o qual ele escreve: "Darei a Chopin todo o resto da música" (EH, Por que sou tão inteligente, § 7). Enfim, incontornáveis e líderes de toda música clássica, Bach e Beethoven são reconhecidos sem reservas. O primeiro como um músico que poderia ter estado presente no momento da criação do mundo, o segundo como o intérprete da solidão, da melancolia e da contemplação.

Compositor, amante e ouvinte, Nietzsche consagrou uma grande parte de sua existência à música. Muitas de suas cartas testemunham a atenção particular que ele dá a descobrir músicos, compará-los, a se submeter à música de corpo e alma. Quando à escuta, Nietzsche abre a totalidade do seu corpo. Não é raro vê-lo confiar a alguém – sobretudo Peter Gast – e confessar a inacreditável reação de seu sistema nervoso a um concerto. Por vezes, ele precisa de muitos dias para se recompor de uma música muito violenta.

* * *

---

[52] Em nota, o tradutor brasileiro, Paulo Cesar Sousa, justifica o uso de *chinoiseries* como tradução para *Chinesischen*, ou o que é chinês (N.T.).

Enfim, quinto e último uso do corpo, Nietzsche faz a apologia da caminhada. Sua prática cotidiana faz com que ele às vezes empreenda passeios de dezenas de quilômetros, – mais de 10 horas de atividades físicas consecutivas. Ele anda não importa qual seja o tempo. Apesar de sua visão ruim, ele caminha sobre os estreitos de Èze, na orla de Nice, em torno dos lagos, na Suíça ou a Sils-Maria, onde ele terá sua visão do Eterno retorno.

Ele caminha igualmente em Turin, onde perambula sob as passarelas cobertas, da qual se lembrará em um aforismo de *A gaia ciência* intitulado: "Arquitetura dos homens do conhecimento" e que afirma:

> Será preciso entendermos um dia, talvez um dia próximo, o que falta acima de tudo nas nossas cidades: tranquilos e amplos, espaçosos lugares para a reflexão, lugares com longas e altas galerias para o tempo ruim ou demasiado claro, aonde não chegue o barulho dos carros e dos pregoeiros, e onde um refinado decoro proibisse até a um padre a reza em voz alta: construções e passeios que, no conjunto, exprimissem o que já de sublime no meditar e no pôr-se de lado. [...] Queremos ver nós mesmos traduzidos em pedra e planta, queremos passear em nós mesmos, ao andar por essas galerias e jardins (GC, IV, § 280).

A caminhada é a ajuda para a meditação, ela autoriza uma reflexão leve, aérea e delicada. Ela coloca em perspectiva com o cuidado dietético que visa produzir uma fácil digestão. A obsessão nietzschiana é afastar o peso e a profundidade. Comer e caminhar permitem apreender o corpo como uma máquina suscetível à flexibilidade, à vivacidade e à agilidade. O corpo é menos um entrave do que um mecanismo sutil do qual é preciso fazer um uso pertinente.

Os exercícios propostos nas escolas e nas casernas visam menos à alegria pessoal e mais à eficácia em sociedade.

Equitação, natação e caminhada eram atividades sem mistério para Nietzsche, que sabia igualmente usar pistolas e espadas em duelos de estudantes. A prática individual de uma atividade esportiva está longe de fazer parte do arsenal do prussiano médio, menos ainda do legendário filósofo preguiçoso.

Nietzsche faz de todo o pensamento alemão o resultado de uma obstrução, resultado de excesso de comida – muita má alimentação – e de pouco exercício. Um pensamento devia, no espírito do filósofo, ter sido pensado ao ar livre. Essa era a garantia de sua pertinência. Uma reflexão realizada no escritório, no quarto, não provocava – segundo ele – nenhum tipo de interesse.

Figura de eterna errância, Nietzsche é o pensador dos domicílios sucessivos e o peregrino persistente. Caminhadas pela Europa, em busca de um bom clima e de luz, caminhadas pelas montanhas e veredas, colinas e campo – ele não parou de buscar outro lugar, outro espaço, o endereço inencontrável. A caminhada o levava alhures, para se esquivar de sua solidão e de sua dor, de suas obsessões e incertezas.

★ ★ ★

A casuística do egoísmo aparece finalmente como uma moral do cuidado de si – tão bem sistematizado por Michel Foucault em *História da sexualidade* –, uma técnica da singularidade que rompe definitivamente com os imperativos negadores das filosofias do ideal ascético. Nietzsche leva em consideração a carne, o corpo. Não um corpo idealizado ou teorizado. Mas um corpo que se alimenta, caminha, sofre, um corpo que entende, que gosta e vê, sente e toca. O corpo dos cinco sentidos, nos quais ele aplica seus domínios prediletos.

Nunca antes dele, o cuidado dietético foi objeto de uma teoria tão precisa. Apenas alguns autores antigos

– Plutarco, por exemplo – escreveram e refletiram sobre esse tema. Assim como é preciso esperar Schopenhauer para que a música se torne metafisicamente um tema de atenção. Não ainda uma música idealizada – aquela das cifras, dos números ou de uma matemática das vibrações – mas aquela dos compositores.

A gaia ciência, e antes, *Aurora*, teorizam esses momentos do cotidiano de criaturas dotadas de corpo e de vida. Nada é mais imediato do que o desejo de dominar a carne no cotidiano: aquela que absorve a refeição, escuta as melodias, sente o frio do inverno, a bruma ou os raios de sol em longos passeios, aquela que se refaz na quietude da leitura ou na contemplação de uma paisagem. O cristianismo morre verdadeiramente quando o filósofo usa a volúpia de um instrumento que dois séculos nunca deixaram de reprimir.

Conclusão
Sobre o nietzschianismo

Das tempestades ao amanhecer, dos abalos nas novas arquiteturas, o perfil do nietzschianismo foi lentamente tomando forma. Nesse ponto da análise, é preciso responder à questão: como se pode ser nietzschiano? Antes de mais nada, convém precisar que o próprio Nietzsche duvidava que se pudesse convocar seu pensamento de forma tão servil. É preciso ser nietzschiano como Nietzsche gostaria verdadeiramente que se fosse: insubordinado. Zaratustra professava que "retribuímos mal um professor, se continuamos apenas alunos" (AFZ, I, Da virtude dadivosa, § 3) e impunha a seus ouvintes que se perdessem para melhor se encontrar.

Nada é mais estranho a Nietzsche que um nietzschiano guardião do templo, laudatório e servil a uma doutrina. Nada mais contrário à estética e ao espírito livre que um nietzschiano retomando, por sua conta, ingenuamente, as principais ideias do filósofo. A lição de Nietzsche emancipa. Ela convida a colocar em cena, no teatro do mundo, sua própria subjetividade. Em *A gaia ciência*, o mestre da suspeita o quanto ele considerava "odioso seguir e também guiar" (GC, 'Brincadeira, astúcia e vingança', § 33).

Entre as virtudes cardeais do nietzschiano, está a "faculdade de ser outro e tomar apenas o próprio" (DD). Seria preciso, para dar toda a medida de tal virtude, citar todos os textos nos quais o filósofo assassina os fanáticos pelo instinto gregário, pressionados por se reunir, se juntar, se confundir com os outros. Seu desejo? Cobrir-se da cor de uma parede ou de um inseto. Contra o mimetismo, Nietzsche não tem palavras fortes o suficiente. Ser nietzschiano é, antes de tudo, ousar realizar a si mesmo, assumir o grau de potência que nos habita, dizer sim às forças que estão em nós, acreditar-se liberado, consentir às forças do destino, amar a necessidade, rir e dançar, viver e regozijar-se.

Para o essencial, a lição do filósofo consiste em um duplo jogo de negação e afirmação. A negação diz respeito a tudo que entrava a Vontade de potência, portanto a tudo que impede a expressão da vida, do prazer e do gozo. Objetos privilegiados das tempestades niilistas: Deus, a Religião, o Estado, a Política, a Moral, o Cristianismo, todos versões de uma mesma obsessão: o ideal ascético. Esta vontade libertária de fazer tábula rasa se substitui por um grande desejo afirmador. O Sim se aplica ao que favorece a expansão da vontade: a Vida, o Corpo, o Prazer, o Gozo, a Força, a Embriaguez, a Dança, o Riso, a Exuberância, a Profusão.

Nietzsche concentra seu pensamento em um aforismo de *Crepúsculo dos Ídolos*, que ensina: "A fórmula de minha felicidade: um sim, um não, uma linha reta, uma meta..." (CI, Máximas e flechas, § 44). O Sim se diz à Vida; o Não ao que trava; a linha reta é o caminho que conduz à liberdade do espírito, aos cumes do hiperbóreo, à singularidade. Esse objetivo está para além das alienações, das desarmonias e das dissonâncias entre si e si, entre si e os outros, entre si e o mundo.

Entre as divindades pagãs que reanimam Nietzsche, Eros escapa ao destino como uma das numerosas formulações de Dionísio – com Baco e Vênus, suas versões romanas. O filósofo afirma sua confiança no deus do prazer, do gozo, da expansão vital. Nietzsche diz sim a Eros e não àquilo que o trava. Ele sabe que o cristianismo envenenou Eros – "ele não morreu, é verdade, mas degenerou em Vício" (ABM, § 168). Contra a hipocrisia e a exigência de um estrangulamento dos instintos, Nietzsche deseja a vida simples que ouve as pulsões e as paixões, as emoções e os prazeres.

Nesse sentido, o espírito de Freud não pode ser mais nietzschiano ao estigmatizar a religião como ilusão, ao denunciá-la e analisá-la como doença na civilização, afirmação de toda potência de energias que a Razão não consegue controlar integralmente, ele que narra o papel mortífero da civilização alimentada pela libido das singularidades sacrificadas. As análises de *Genealogia da moral* fazem de Nietzsche um filósofo da maior lucidez. Freud lhe deve muito mais sobre esse tema do que admitiu.

Depois de fazer o relato da emergência da má consciência, depois de isolar suas condições de possibilidade, Nietzsche afirma o caráter resolutamente antinômico – há séculos – de potências instintivas e de estruturas sociais – os segundos se nutrindo dos primeiros na forma de demônios. Com Nietzsche, o homem é tomado como "este ser carente, consumido pela nostalgia do ermo" (GM, II, § 16), ele se torna emblema do obscurecimento, da melancolia intratável.

A doença está instalada em uma alquimia singular:

> Todo o mundo interior, originalmente delgado, como que entre duas membranas, foi se expandindo e se estendendo, adquirindo profundidade, largura e altura, na medida em que o homem foi *inibido* de sua descarga para fora. Aqueles horríveis bastiões com que a organização do Estado se protegia dos velhos instintos de liberdade [...] fizeram com que todos aqueles instintos do homem selvagem, livre e errante se voltassem para trás, *contra o homem mesmo* (GM, II, § 16, grifo da tradução brasileira).

O Sim nietzschiano visa aos "velhos instintos de liberdade", que ele quer, o Não, "os formidáveis bastiões que a organização social elevou para se proteger", que ele odeia. Nietzsche formula, meio século antes de Freud, a mecânica contida na segunda tópica freudiana: o conflito entre um eu desejoso de expansão e um supereu repressor. Nesta antinomia, a origem da doença existencial. Nietzsche funda, resolutamente, a modernidade ao tomar partido contra o supereu, contra as instâncias mortíferas cristalizadas na vida social. É nisso que toda confiança na Vontade de potência pode ser tomada como confiança – e vontade – em uma Vontade de gozo.

Assim, encontramos ao longo de sua obra um elogio à sexualidade e aos instintos sexuais, ao mesmo tempo que uma confiança no objeto de sua tensão. "A sensação de prazer com base nas relações humanas torna o homem melhor; a alegria comum, o prazer desfrutado em conjunto a aumenta, dá segurança ao indivíduo, torna-o mais afável, dissolve a desconfiança e a inveja: pois ele se sente bem e vê que o mesmo sucede ao outro" (HDH, § 98).

Em outro lugar, o filósofo fustiga o trabalho operado pelo cristianismo, o descrédito que ele lançou sobre as paixões, a sexualidade e o prazer. Ele deplora a transformação das forças sensuais necessárias e normais em auxiliares do rancor, da depressão interior ou do desespero secreto. Exaltando os méritos das sensações sexuais que produzem prazer, Nietzsche suspira: "Tais arranjos benevolentes não se acham com frequência na natureza! E denegrir justamente um deles e estragá-lo com a má consciência!" (A, § 76).

Dissociada da ideia de procriação – à qual não se cessa de associar –, a sexualidade se torna uma das modalidades de expressão da Vontade de potência. Daí o sentido deste aforismo de *Para além do bem e do mal*: "O tipo e o grau da sexualidade de um homem atingem o cume mais altos do seu espírito" (ABM, § 75). A veneração do instinto sexual é sinal de grande saúde: o Sim à vida é o sintoma. É por isso, porque ela nega a positividade da força geradora, a religião cristã a torna proscrita, porque "só o cristianismo, com seu fundamental ressentimento *contra* a vida, fez da sexualidade algo impuro" (CI, O que devo aos antigos, § 4, grifo da tradução brasileira).

A doença é associada a uma depreciação das forças sexuais. A sublimação caracteriza essa entropia realizada com fins de domesticação: foi necessário desviar o fluxo sexual de seu curso original para fazer alguma coisa de socialmente aceitável, única forma de gerar pulsões assustadoras. Nietzsche não cansa de dizer que a piedade, a arte, a sociedade, a crueldade, a compaixão sustenta a condensação das forças seminais primitivas. "A preponderância dos sentimentos de desprazer sobre os sentimentos de prazer é a *causa* dessa moral e dessa religião fictícias: uma tal preponderância transmite a *fórmula* da *décadence*..." (AC e DD, § 15, grifo da tradução brasileira).

O gozo se expressa nas lógicas afirmativas: quanto mais o Sim à vida se manifesta, mais recuam as instâncias repressivas e mortíferas. No momento de síntese, Nietzsche formula de maneira concisa os resultados de sua longa pesquisa: "O que é o bom? – Tudo o que eleva o sentimento de poder, a vontade de poder, o próprio poder do homem. O que é o mau? – Tudo que vem da fraqueza. O que é a felicidade? – O sentimento de que o poder cresce – de que uma resistência é superada" (AC e DD, §2).

O nietzschianismo como processo de ereção, processo eudamonístico, monumento erguido para comemorar o Sim, a Saúde, a Afirmação, a Vida, o Prazer – e dizer ao mesmo tempo a rejeição ao Não, à Doença, à Negação, à Morte e ao Desprazer. Última frase da obra completa do filósofo, a que encerra *Ecce Homo* e na qual Nietzsche questiona: "– Fui compreendido? – *Dionísio contra o Crucificado*..." (EH, Por que sou um destino, § 9, grifo da tradução brasileira).

Argentan, 1988.

Referências

BIANQUIS, G (Org.). *Nietzsche devant ses contemporains*. Paris: Rocher, 1959.

COLLI, G. *Après Nietzsche*. Paris: De l'Éclat, 1987.

GLUCSKMANN, André. *Les maîtres penseus*. Paris: Grasset, 1986.

NIETZSCHE, F. *A gaia ciência*. Tradução de Paulo César de Sousa. São Paulo: Cia. das Letras, 2001.

NIETZSCHE, F. *Além do bem e do mal: prelúdio a uma filosofia do futuro*. Tradução de Paulo César de Sousa. São Paulo: Cia. das Letras, 2005.

NIETZSCHE, F. *Assim falou Zaratustra*. Tradução de Paulo César de Sousa. São Paulo: Cia. das Letras, 2011.

NIETZSCHE, F. *Aurora – reflexões sobre os preconceitos morais*. Tradução de Paulo César de Sousa. São Paulo: Cia. das Letras, 2004.

NIETZSCHE, F. *Considérations intempestives* III. Aubier: Montainge, 1954.

NIETZSCHE, F. *Correspondance générale*. Paris: Gallimard, 1986.

NIETZSCHE, F. *Crepúsculo dos Ídolos, ou, Como se filosofa com o martelo*. Tradução de Paulo César de Sousa. São Paulo: Cia. das Letras, 2006.

NIETZSCHE, F. *Ecce Homo: como alguém se torna o que é*. Tradução de Paulo César de Sousa. São Paulo: Cia. das Letras, 1995.

NIETZSCHE, F. *Fragments posthumes*. Paris: Gallimard, 1977.

NIETZSCHE, F. *Genealogia da moral: uma polêmica*. Tradução de Paulo César de Sousa. São Paulo: Cia. das Letras, 1992.

NIETZSCHE, F. *Humano demasiado humano: um livro para espíritos livres*. Tradução de Paulo César de Sousa. São Paulo: Cia. das Letras, 2005.

NIETZSCHE, F. *La volonté de puissance*. Paris: Gallimard, 1948.

NIETZSCHE, F. *O Anticristo e Ditirambos de Dionísio*. Tradução de Paulo César de Sousa. São Paulo: Cia. das Letras, 2007.

NIETZSCHE, F. *O nascimento da tragédia ou Helenismo e Pessimismo*. Tradução de J. Guinsburg. São Paulo: Cia. das Letras, 1992.

NIETZSCHE, F. *Segunda consideração intempestiva: da utilidade e desvantagem da história para a vida*. Tradução de Marco Antônio Casanova. Rio de Janeiro: Relume Dumará, 2003.

Digressões bibliográficas

As primeiras leituras de Nietzsche na França datam de 1898. Ver, por exemplo, Henri Lichtenberger, *A filosofia de Nietzsche*.[53] No ano seguinte, Jules de Gaultier publica *De Kant a Nietzsche*, depois *Nietzsche e sua reforma filosófica e Nietzsche*.[54] Para o uso feito do filósofo nessa época, ver George Palante, *As antinomias entre o indivíduo e a sociedade, A precisão da sociologia, A sensibilidade individualista* e *Combate pelo indivíduo*.[55] Ver também Remy de Gourmont, contemporâneo desses dois pensadores. Ele mesmo confirmou a influência de Nietzsche em seu pensamento. Tomem-se os

---

[53] *La Philosophie de Nietzsche*. Paris: Nabu Press, 2013.

[54] *De Kant a Nietzsche*. Paris: Éditions du Sandre, 2006. Traduzido para o inglês como *From Kant to Nietzsche*. Tradução de Gerald M. Spring. Londres: Peter Owen Ed., 1961. *Nietzsche et la réforme philosophique*. Paris: Societé du Mercure de France, 1904. *Nietzsche*. Paris: Éditions du Siècle, 1926.

[55] *Les antinomies entre l'individu et la société*. Paris: Hachette Livre BNF, 2013 [Alcan, 1913]; *Précis de sociologie*. Paris: Hachette Livre BNF, 2013 [1903]; *La sensibilité individualiste*. Prefácio de Michel Onfray. Bedée: Éditions Folle Avoine, 1992 [1909]. *Combat pour l'individu*. Prefácio de Michel Onfray. Paris: Éditions Folle Avoine, 2003 [Alcan, 1904].

significativos artigos reimpressos nas *Promenades philosophiques* ou nas *Promenades littéraires*.[56]

As primeiras críticas vieram de Léon Daudet e de André Suarès. A Primeira Guerra Mundial contribuiu muito para isso. Fez-se de Nietzsche o responsável. Sobre isso, ver o livro de Gabriel Huan, *A filosofia de F. Nietzsche,*[57] ou os artigos de Louis Bertrand lançados na Revista dos Dois Mundos.[58]

As primeiras leituras socialistas tentavam conciliar a filosofia do super-homem e a revolução proletária, se não a preocupação trabalhadora. Estas foram escritas por Charles Andler no seu monumental estudo intitulado *Nietzsche, sua vida, seu pensamento*, mais de 1.500 páginas editadas pela Gallimard.[59] Ver também Élie Faure, *Os construtores*, em 1914.[60] Muito cedo, nas conferências feitas na Suíça, Jean Jaurès exaltou os méritos de Nietzsche, que ele desejava associar a seu reformismo político.

Ao contrário, as leituras marxistas que fizeram de Nietzsche um pensador do capital, da pequena burguesia em declínio ou do prussianismo decadente, tiveram como best-seller a obra de G. Lukács, *A destruição da razão*.[61] A escola de Lucien Goldman tomou esse mesmo caminho. Do lado soviético, encontram-se teses incessantemente

---

[56] Coletâneas de artigos de Remy de Gourmont publicadas pela Editora Mercure de France.

[57] *La Philosophie de Frédéric Nietzsche*. Paris: Ed. Boccard, 1917.

[58] *Revue des Deux Mondes*, fundada em 1849, acervo disponível em: <http://www.revuedesdeuxmondes.fr/>. Acesso em: 25 mar. 2014.

[59] *Nietzsche, sa vie et sa pensée*. volumes I, II, III. Paris: Gallimard. 1. ed. 1920, 2. ed. 1958; Edição digital para Kindle pela Éditions la Bibliothèque Digitale, 2013.

[60] *Les constructeurs*. Gonthier Biarritz: Impr. Moderne, 1965.

[61] *Die Zerstörung der Vernunft*. Berlim: Aufbau-Verlag, 1954.

repetidas no trabalho de S. Odouev, *Pelos caminhos de Zaratustra*[62]. Do lado da Europa, as mesmas ideias foram desenvolvidas por Marc Sautet. Ver *Nietzsche e a comuna*.[63]

Outro tipo de distorção é a cristã. Os seguidores mais zelosos se reagruparam sob a direção de Pierre Paul Valadier, *Nietzsche, o ateu rigoroso*.[64] Aí também se encontra Jean Granier, *O problema da verdade na filosofia de Nietzsche e no seu Nietzsche*.[65] Ver também Éric Blondel, *Nietzsche, o quinto evangélico?*[66] Mais lúcido sobre a realidade do ateísmo nietzschiano, Yvan Gobry critica Nietzsche em nome de Pascal, em *Nietzsche ou a compensação*.[67]

As leituras universitárias não deixaram de permitir aos exegetas de fazer da obra do filósofo alemão um pretexto para expor suas próprias ideias. Neste aspecto, ver *Nietzsche e a filosofia*, de Gilles Deleuze,[68] ou *Nietzsche*, de Heidegger.[69] Aproximações menos canibais foram feitas por Sarah Kofman ou Karl Jaspers.

Os usos de Nietzsche são múltiplos. Seria preciso dizer algumas palavras sobre Otto Weininger ou Ladislav

---

[62] *Par les sentiers de Zarathoustra. Influence de la pensée de Nietzsche sur la philosophie bourgeoise allemande*. Traduzido do russo por Catherine Emery. Moscou: Éditions du Progrès, 1980.

[63] *Nietzsche et la commune*. Paris: Le Sycomore, 1981.

[64] *Nietzsche, l'athée de rigueu*. Paris: Desclée de Brouwer, 1990.

[65] *Le problème de la vérité dans la philosophie de Nietzsche*. Paris: Éditions du Seuil, 1966; *Nietzsche*. 9. ed. Coleção Que sais-je? Paris: PUF, 2010.

[66] *Nietzsche, le cinquième évangile?* Paris: Les berges et les mages, 1980.

[67] *Nietzsche, ou la compensation*. Paris: Téqui, 1975.

[68] *Nietzsche et la philosophie*. 1. ed. Paris: PUF. 1. ed., 1962; 6. ed., 2010; *Nietzsche e a filosofia*. Tradução de Edmundo Fernandes Dias e Ruth Joffily Dias. Rio de Janeiro: Ed. Rio, 1976.

[69] *Nietzsche, volumes I e II*. Koch: G. Neske, 1961. *Nietzsche, volumes I e II*. Tradução Pierre Klossokski. Paris: Gallimard, 1971. *Nietzsche, volumes I e II*. Tradução Marco Antonio Casanova. Rio de Janeiro: Forense Universitária, 2005, 2007.

Klima. Do primeiro, ler *Sexo e caráter*;[70] do segundo, *Eu sou a vontade absoluta*.[71] Desde o início, Ernest Jünger ilustra o caráter hiperbóreo do nietzschianismo. Seguem assim seus romances como *Eumeswill* (com destaque para sua concepção de *ariste*[72]), os volumes do *Jornal parisiense* ou as análises expressas em *O Muro do tempo*, *O Estado universal* ou o *Tratado do rebelde*.[73] Freud deve muitas de suas análises às intuições de Nietzsche. O último Freud se aproxima de um lugar notadamente do filósofo. O médico vienense fez seu trabalho, não precisou mais temer as acusações de plágio. Freud escreveu dois dos textos mais bonitos do século XX, mais lúcidos e ao mesmo tempo mais assustadores. Trata-se de *O futuro de uma ilusão* e de *O mal-estar da civilização*. Reminiscências e confissões discretos de proximidade com o Nietzsche de *O Anticristo*, aquele que, desde *Aurora*, desconstrói o cristianismo ou que, na *Genealogia da moral*, opõe a civilização ao civilizado em uma irredutível antinomia geradora de melancolia, se não de doença.

A França, com Maurice Blanchot, Pierre Klossowski e George Bataille, fornecerá um conjunto vivo de críticas, de leituras e de desenvolvimentos a partir de Nietzsche. Ver sobre isso as reflexões sobre a comunidade impossível, do primeiro, sobre o eterno retorno, do segundo, e sobre o heterogêneo, do último. Michel Foucault é, sem dúvida,

---

[70] *Geschlecht und Charakter*. Berlim: Matthes & Seitz, 2012 [1903]. *Sexe et Caractère*. Traduzido do alemão por Daniel Renaud. Paris: L'Age d'Homme, 1989. Coleção Essais.

[71] *Jsem absolutní vůle*. Praga, 1904. *Je suis la volonté absolue*. Traduzido do tcheco por Erika Abrams, posfácio de Jan Patocka. Paris: Éditions de la Différence, 2012. Coleção Lire et Relire.

[72] Termo francês com o qual George Palante pretendeu reunir em uma só palavra seu ideal aristocrático e artístico. Sobre Palante, Michel Onfray publicou *Physiologie de Georges Palante: pour un nietzschéisme de gauche*. Paris: Biblio Essais, 2005.

[73] *Eumeswill*. Stuttgart: Klett-Cotta, 1988.

o mais constante dos nietzschianos franceses: analista das instâncias geradoras de norma ou de exclusão, à moda de um genealogista, há em Foucault o mesmo recurso que há em Nietzsche, o de encontrar a raiz, o princípio. Ver a este respeito seus trabalhos sobre a clínica, a prisão, a loucura, assim como a sexualidade. O último Foucault, aquele de *O uso dos prazeres* e de *O cuidado de si*, ilustra com perfeição o Nietzsche da "casuística do egoísmo".[74]

Não se pode, de todo modo, negligenciar as leituras singulares: as de Albert Camus, preocupado em encontrar em Nietzsche um pensamento para combater as bobagens do século; o de Thierry Maulnier, que trata de toda a energia disponível na obra do pensador. Do primeiro, ler *O homem revoltado*; do segundo, *Nietzsche*.[75]

Recentemente, Giorgio Colli foi traduzido na França. Seu *Depois de Nietzsche* testemunha a proximidade que ele não deixa de ter com o filósofo alemão, do qual ele garantiu, na Itália, uma edição que serve de referência para as da Gallimard, na França.[76]

Ler Nietzsche deveria ser uma tarefa para além das críticas, das repetições – do qual este texto também participa. Para fazê-lo, abordar a obra nietzschiana a partir de *O nascimento da tragédia*, texto cronologicamente inaugural no qual Nietzsche manifesta uma perspectiva schopenhaueriana e estética em que o dionisismo já estava em obra.

---

[74] FOUCAULT, Michel. *História da sexualidade II: o uso dos prazeres*. 12. ed. Tradução de Maria Thereza Costa Albuquerque. São Paulo: Graal, 2007.; *História da sexualidade III: o cuidado de si*. 9. ed. Tradução de Maria Thereza Costa Albuquerque. São Paulo: Graal, 2007.

[75] CAMUS, A. *L'homme révolté*. Paris: Gallimard, 1951; MAULNIER, T. *Nietzsche*. Paris: Gallimard, 1933.

[76] O italiano Giorgio Colli é coordenador da tradução das obras de Nietzsche publicadas na França pela Editora Folio, na coleção Folio Essais. *Dopo Nietzsche*. 5. ed. Roma: Adelphi, 1974. *Après Nietzsche*. Traduzido do italiano por Pascal Gabellone. Paris: Éditions de l'Éclat, 2000.

Continuar com os quatro volumes de *Humano demasiado humano*, de humor e de espírito voltariano, se não de uma fabricação digna dos moralistas franceses. O grande Nietzsche se anuncia em *Aurora*. Ele está manifesto em *A gaia ciência*. O núcleo duro de seu pensamento está em *Para além do bem e do mal*, *A genealogia da moral* e os textos esparsos destinados à grande obra *A vontade de potência*. O *caso Wagner* vale como expressão da constância do espírito intempestivo. Para compreender *Assim falou Zaratustra*, é preciso ter lido todo Nietzsche. Quando cronologicamente os espaços entre 1871 e 1888 estiverem preenchidos, ler *Ecce Homo* para estimular o apetite e descobrir *Zaratustra*, texto emblemático. Nietzsche recomendava que, para lê--lo, era preciso ter a virtude dos bovinos: o talento da ruminação...

Posfácio
O eterno retorno de Nietzsche

Carla Rodrigues

No rascunho de uma carta a Jean Bourdeau, com quem negociava a edição de seus livros na França, Nietzsche escreve: "É mais do que tempo que eu volte ao mundo como francês". O ano era 1888, e o filósofo que já nasceu póstumo antecipava ali o que viria a acontecer ao longo do século XX, como relata Michel Onfray nas suas *Digressões bibliográficas*: o filósofo alemão que na Alemanha, em vida, precisou pagar pela edição de seus livros alcançou o maior reconhecimento de sua obra na França. Esse Nietzsche francês, que estabelece relações privilegiadas com a França, para quem "Paris aparece de alguma forma como um lugar mítico" (MARTON, 2009, p. 19), é o pensador que chega à filosofia brasileira, principalmente a partir da década de 1970 (MARTON, 2005).

Seguindo o argumento de Ernest Behler (2006), as leituras de Nietzsche podem ser divididas em duas fases: na primeira metade do século, Nietzsche foi predominantemente lido como um autor voltado para questões estéticas e literárias. A descoberta de Nietzsche como filósofo teria se dado apenas depois de um longo silêncio sobre ele na Segunda Guerra Mundial. Fazem parte desse segundo momento, leituras como as de Heidegger, na Alemanha dos anos 1940; de Walter Kaufmann, nos Estados Unidos dos anos 1950; e de Michel Foucault e Gilles Deleuze, na França dos anos 1960.

Embora, como observa Onfray, a França se interesse por Nietzsche desde 1898 – quando o autor localiza as primeiras leituras do pensador alemão –, são primeiro Deleuze, depois Foucault, os filósofos que principalmente contribuem para a releitura de Nietzsche na França dos anos 1960. Durante as quatro décadas que precederam a publicação de *Nietzsche e a filosofia*, de Deleuze, apenas três títulos haviam sido publicados sobre Nietzsche na França (SCHRIFT, 2013, p. 97). A tradução de *Genealogia da Moral* aparece em um programa de *agrégation*[77] pela primeira vez em 1958, mesmo ano em que Deleuze começa a lecionar na Sorbonne, onde atua entre 1957 e 1960 (SCHRIFT, 2013, p. 99). Seus cursos são um marco na recepção francesa da obra nietzschiana.

Logo depois, em 1964, é a vez de Michel Foucault apresentar seu *Nietzsche, Freud e Marx* no colóquio de Royaumont (FOUCAULT, 1967, 2008). Em 1970, Jacques Derrida coordena um seminário sobre Nietzsche na Escola Normal Superior de Paris, cujo tema era o estatuto da metáfora no discurso filosófico. O número 5 da *Révue Poétique* editou os textos apresentados no encontro, do qual participaram autores como Bernard Pautrat, Jean-Michel Rey, Sarah Kofman, Philippe Lacou-Labarthe. A revista, editada em 1971, é do mesmo ano da tradução francesa, assinada por Pierre Klossowski, dos dois volumes de *Nietzsche*, publicação dos cursos de Heidegger na Universidade de Freiburg entre os anos 1936 e 1940, que estavam sendo lançados em francês.

---

[77] Denominação francesa do concurso para ingresso no cargo de professor.

Por fim, em junho de 1972, no centenário de publicação de *O Nascimento da Tragédia*, dá-se o apogeu da influência de Nietzsche na filosofia francesa do século XX. O encontro reuniu cerca de 40 autores franceses que trabalhavam em torno da obra de Nietzsche na França naquele momento. Abrem-se aí interpretações do filósofo que Alan D. Schrift (1995) divide em dois grandes grupos. No primeiro, estão pensadores como Foucault, Derrida, Sara Kofman, Philippe Lacoue-Labart e Bernard Pautrat, com leituras voltadas para a questão do estilo do discurso filosófico e para a forma literária de apresentação das questões filosóficas. Ainda segundo Schrift, o grupo se interessava por três importantes temas então dominantes no pensamento francês: a desconfiança em relação à hermenêutica, a reflexão sobre a natureza da linguagem, e a crítica ao humanismo metafísico.

A ênfase na questão do estilo articularia o conteúdo do pensamento de Nietzsche com a forma de apresentação das suas ideias. Para aqueles autores, pensar sobre o estilo de escrita de Nietzsche passa a ser tão importante quanto pensar sobre *o que* ele escreve. A metaforicidade da linguagem será um tema importante para esses leitores, que discutirão ainda como a tarefa da escrita não é redutível a uma simples operação de transmissão do sentido filosófico. Nesse contexto, Sara Kofman (1972) não apenas explora a proposição de Nietzsche de que a metáfora se situa na origem da verdade e da linguagem, como também retoma a leitura do jovem filólogo/filósofo e sugere que a maneira como Nietzsche usa as metáforas proporciona uma importante pista para entender a sua questão filosófica: apontar para a insuficiência do esquema conceitual da tradição. Do Brasil, estudiosos de Nietzsche como Maria Cristina Franco Ferraz e Luiz Fernando Medeiros serão orientados por Kofman (FERRAZ, 1994, 1998), mais uma indicação da influência francesa da leitura de Nietzsche no país.

O segundo grupo de leitores franceses de Nietzsche identificados por Schrift, do qual fazem parte novamente Derrida e Foucault, mas também Deleuze e Jean-François Lyotard, privilegiam outros temas também importantes para a filosofia francesa do final do século XX, como a ênfase na interpretação, a crítica ao pensamento binário, a ligação entre poder e conhecimento, e a necessidade de julgar diante da ausência de critério.

No Brasil, as leituras de Nietzsche se intensificam nas universidades nos anos 1970, como "caixa de ressonância" das leituras francesas. No relato de sua experiência como estudante de graduação em Filosofia da Universidade de São Paulo (USP), onde ingressou em 1969, Scarlett Marton lembra que em todos os cursos sobre Nietzsche, "havia ecos da recepção francesa de suas ideias, as leituras de Foucault e Deleuze, ainda além da leitura de Heidegger. Não por acaso. Os professores franceses que o Departamento recebia regularmente contribuíam muito para isso" (MARTON, 2005, p. 14). Coube a Marton a criação dos Grupos de Estudos de Nietzsche (GEN), a criação dos Cadernos Nietzsche, e a criação do GT Nietzsche na Associação Nacional de Pós-Graduação em Filosofia (Anpof), todos fundamentais para a recepção da filosofia de Nietzsche no Brasil.

A confirmar a influência do Nietzsche francês nas leituras brasileiras, está o trabalho de Roberto Machado. Aluno de Foucault e de Deleuze na França entre os anos 1970 e 1980, ele formou, como professor da Universidade Federal do Rio de Janeiro (UFRJ), gerações de pesquisadores sobre o pensamento de Nietzsche, além de publicar um imenso conjunto de livros, textos e artigos que o qualificam como um dos principais comentadores de Nietzsche no Brasil. Seria impossível, e mesmo desnecessário, citar nominalmente cada um de seus alunos, hoje professores e disseminadores da obra de Nietzsche nas universidades brasileiras.

A tradução brasileira de *Nietzsche e a filosofia*, de Deleuze, 1976, faz parte desse ambiente francês de leituras de Nietzsche nos anos 1970/1980, estimulado pelo interesse de pensadores de esquerda. O interesse pelo livro faz parte de um clima de contestação que emerge com o Maio de 68 e encontra, nos dois filósofos, grandes aliados. Importante observar que a edição brasileira se dá por iniciativa do psicanalista MD Magno, indicação de que o pensamento de Nietzsche se abria para além das fronteiras da filosofia.

No entanto, assim como aconteceu na França, o Brasil também experimenta um momento de rejeição ao pensamento libertário de Nietzsche. Retornam as críticas, as mesmas que Onfray percebe na França: nazista, irracionalista, contraditório, desnecessário, louco. Assim como herdamos a leitura de Nietzsche, herdamos seus críticos, e fez-se aqui eco a autores que buscaram desqualificar seu pensamento. *A sabedoria trágica,* que Onfray classifica como obra de juventude, escrito em 1988, está carregado de um tom de defesa a esses ataques, majoritários na França desde o início da década de 1980. Quando pensava em voltar francês, talvez Nietzsche ainda não tivesse se dado conta da potência do pensamento do eterno retorno.

Referências

BEHLER, Ernest. Nietzsche in the Twentieth Century. In: MAGNUS, B.; HIGGINS, K. (Orgs). *The Cambridge Companion to Nietzsche.* Cambridge: Cambridge Press, 2006.

DELEUZE, Gilles. *Nietzsche et la philosophie.* Paris: Presses Universitaires de France, 1962.

DELEUZE, Gilles. *Nietzsche e a filosofia.* Tradução de Edmundo Fernandes Dias e Ruth Joffily Dias. Rio de Janeiro: Semeion; Rio, 1976.

FERRAZ, Maria Cristina. *Nietzsche, o bufão dos deuses.* Rio de Janeiro: Relume-Dumará, 1994.

FERRAZ, Maria Cristina. *Nietzsche, le bouffon des dieux.* Paris: Harmattan, 1998.

FOUCAULT, Michel. *Nietzsche, Freud, Marx*. *Cahiers de Royaumont*, v. 6. Paris: Minuit, 1967.

FOUCAULT, Michel. Nietzsche, Freud, Marx. In: *Ditos & Escritos II Arqueologia das ciências e história dos sistemas de pensamento*. Rio de Janeiro: Forense Universitária, 2008.

HEIDEGGER, M. *Nietzsche, V. I e II*. Tradução de Pierre Klossowski. Paris: Gallimard, 1971.

HEIDEGGER, M. *Nietzsche*. Tradução de Marco Antônio Casanova. Rio de Janeiro: Forense Universitária, 2007. v. I.

HEIDEGGER, M. *Nietzsche*. Tradução de Marco Antônio Casanova. Rio de Janeiro: Forense Universitária, 2008. v. II.

KOFMAN, Sara. *Nietzsche et la métaphore*. Paris: Payot, 1972.

KOFMAN, Sara. *Nietzsche et la scène philosophique*. Paris: Union Générale d'Éditions, 1979.

MARTON, Scarlett (Org.). *Nietzsche hoje? O colóquio de Cerisy*. Tradução de Milton Nascimento e Sônia Salzsten Goldberg. São Paulo: Brasiliense, 1985.

MARTON, Scarlett. O avesso do avesso é o Direito? In: AZEVERO, Vânia Dutra (Org.). *Falando de Nietzsche*. Ijuí, RS: Ed. Ijuí, 2005.

MARTON, Scarlett. Voltas e reviravoltas: acerca da recepção de Nietzsche na França. In: MARTON, Scarlett (Org.). *Nietzsche, um francês entre os franceses*. São Paulo: Discurso e Barcarolla, 2009.

SCHRIFT, Alan D. *Nietzsche and the question of interpretation*. Routledge: Nova York, Londres, 1990.

SCHRIFT, Alan D. *Nietzsche's French Legacy – a Genealogy of Poststruturalism*. Nova York; Londres: Routledge: 1995.

SCHRIFT, Alan D. Le nietzschéisme comme épistémologie: la reception française de Nietzsche dans le moment philosophique des annés 1960. In: MANIGLIER, Patrice (Org.). *Le moment philosophique des années 1960 en France*. Paris: PUF, 2011.

Este livro foi composto com tipografia Bembo e impresso
em papel Pólen Bold 70 g/m² na Formato Artes Gráficas.